民俗藝術考古論集

常任俠◎編著

国家出版基金项目
NATIONAL PUBLICATION FOUNDATION

山西出版傳媒集團
山西人民出版社

圖書在版編目(CIP)數據

民俗藝術考古論集 / 常任俠編著. —太原 : 山西人民出版社, 2014.12(2024.2重印)
(近代名家散佚學術著作叢刊 / 許嘉璐主編)
ISBN 978-7-203-08774-8

Ⅰ. ①民… Ⅱ. ①常… Ⅲ. ①風俗習慣—中國—文集 Ⅳ. ①K892-53

中國版本圖書館CIP數據核字(2014)第234702號

民俗藝術考古論集

主　　編　許嘉璐
編　　著　常任俠
責任編輯　張文穎

出 版 者　山西出版傳媒集團·山西人民出版社
地　　址　太原市建設南路21號
郵　　編　030012
發行營銷　0351-4922220　4955996　4956039　4922127(傳真)
天猫官網　https://sxrmcbs.tmall.com　電話　0351-4922159
E-mail　sxskcb@163.com　發行部
　　　　sxskcb@126.com　總編室
網　　址　www.sxskcb.com

經 銷 者　山西出版傳媒集團·山西人民出版社
承 印 廠　山西出版傳媒集團·山西新華印業有限公司

開　　本　700mm×970mm　1/16
印　　張　6.25
字　　數　67千字
版　　次　2014年12月　第一版
印　　次　2024年2月　第二次印刷
書　　號　ISBN 978-7-203-08774-8
定　　價　31.00圓

《近代名家散佚學術著作叢刊》編委會

出版説明

近代名家散佚學術著作叢刊選取一九四九年以後未再刊行之近代名家學術著作共一百二十册，編例如次：

一、本叢書遴選之著作在相關學術領域具有一定的代表性，在學術研究方向、方法上獨具特色。

二、爲避免重新排印時出錯，本叢書原本原貌影印出版。影印之底本皆經專家組審定，原書字體大小，排版格式均未做大的改變，原書之序言、附注皆予保留。

三、本叢書分爲八大類，以作者生卒年編次。

四、爲使叢書體例一致，本叢書前言後記均采用繁體字排版。

五、個別頁碼較少的版本，爲方便裝幀和閲讀，進行了合訂。

六、少數學術著作原書内容有個別破損之處，編者以不改變版本内容爲前提，部分進行修補，難以修復之處保留缺損原狀。

七、原版書中個别錯訛之處，皆照原樣影印，未做修改。

八、所選版本之抽印本頁碼標注，起始至所終頁碼均照原樣影印，未重新編排標注新頁碼。

由於叢書規模較大，不足之處，殷切期待方家指正。

總序／

披沙瀝金，以爲鏡鑒

◇許嘉璐

多年來有一個問題始終在我腦中盤桓：爲什麽在十九世紀末到二十世紀初，在短短的幾十年裏，中國的各個學術領域竟湧現了那麽多大師級的人物？這是中國近代史上一個極爲重要的現象，我認爲，如果不能給出令人滿意的答案，我們撰寫的近代學術史將是不完整的，甚至是缺乏靈魂的。後來我知道，著名人類學家克羅伯曾提出過一個問題：爲什麽天才成群地來？看來這種現象的出現並非中國所獨有，思考其所以然的也大有人在。而在那一次世紀之交中國的情况，似乎應驗了「天才成群地來」這個令克氏久久不解的疑問。錢學森先生曾從相反的方向提出了相同的疑問：爲什麽我們這個時代出現不了杰出人才？後來人們稱這個問題爲「錢學森之謎」。

要回答這些疑問不是件容易的事。與其迅速地囫圇地探尋，不如先多了解那些讓中國近代學術（應該包括人文科學和自然科學）史上閃耀着光輝的大師們的作品和自述，從而在腦海里盡量「復原」他們所處的環境和在那種環境下的心理路徑，從中或許可以得到一些啓示。

有一點是顯然的，這就是他們雖然都已遠離塵世而去，但是他們獨立思考的品性、求知治學的真誠、困厄窮愁中對節操的堅守，恐怕是他們共同的主觀因素，一直影響到現在，而且將會永遠留存下去。

就思想界、學術界而言，二十世紀上半葉是一個新説和舊説碰撞，中學和西學融匯的大時代。那時的學人極爲重視言行操守，同時具備現代知識分子的理想信念；他們的學術研究十分純淨，絶少功利因素；他們的視界開闊，以包容的心態和嚴謹的風格造就了成果的大氣與厚重。至於在客觀因素一面，他們實際是在用工業化時代的事實解説着太史公所説的名山之作「大抵聖賢發憤之所爲作」，困厄苦難使得他們「皆意有所鬱結」。這種鬱結，幾乎和個人的名利毫無牽涉，他們永遠不能釋懷的，是民族的存亡、國運的興衰、民衆的福禍和文脈的續斷。

那個時代也是近代歷史上最大規模的中西古今學術調適、創新的時期，學術方法上的交互滲透和融合、創新亦可謂「於斯爲盛」。斯時之學人是要在封閉的屋墻上鑿出窗子的勇士，是使人能够看看外部世界的第一批導夫先路者；或者可以説，他們是在「意有所鬱結」時「彷徨」和「吶喊」的「狂人」。

相對於那時的哲人們，後來者是幸運兒。現在的形勢是，近三十年來學界空前繁榮，衆多學科有了長足之進，其中很重要的一點是學界有了更新穎、更廣闊的國際視野，似乎接續上了百年前的學壇盛事。但細想，「古」與「今」還是有差别的。其异，主要不在於世界情勢、學術進展、工具改善這些客觀存在，而在於在廣泛吸收各國優長的同時，自身文化的主體性越來越受到重視，换言之，「拿來主義」已經延長了「拿來」的程序，加上了試用、甄别、篩選、吸收、融合、成長。就我孤陋所見，在當今地球上，面向所有異質文明，努力汲取我之所缺，其範圍之大和心態之切，似乎無出中國之右者。從這個角度説，我們已經超越了前輩。但是事情還有另外一面，學術，特别是人文學科，其職業化、「沙龍化」和功利性，以及隨之而來的浮躁病却嚴重了。從這個角度説，是不是我們已經後退得够可以的了？而這是不是我們這個時代出不了大師的原因之一呢？

民國學術界的特點之一是極爲注重對傳統的反省、批判與繼承。他們對傳統文化盡最大的努力進行整理和研究。一方面，由於戰亂頻仍，民不聊生，學者們擔起了讓中華文化薪火相傳的歷史責任；另一方面，他們要通過對中國傳統文化的整理，挖掘來重振民族自信心。這一時期對傳統文化進行整理的全面而深入是前所未有的，舉凡文字學、語言學、經濟學、法學、哲學、政治制度、書法繪畫、金石學……規模之宏大，研究之精微，令人嘆爲觀止。

民國學術推動了現代學科體系的建立。在對傳統文化整理和研究的基礎上，吸收西方的文化思想和理念，推動和建立了中國現代學科體系。例如，在對語言文字和音韵學成果進行整理、研究的基礎上開始着手規範之，建立了國語學；深入研究書法、國畫，將其融入了現代美術學科；在廢除舊有學制後逐步建立起小、中、大學較完整的科目和學科體系。

民國學術也改變了傳統學術方式，建立了新的研究範式。以現代科學考古爲發端，科研的實踐和成果使中國知識界真正認識到在實驗、比較基礎上的邏輯分析對學術研究的重要，推進了中國學術的一大演變。至於我們常説的打破士大夫傳統、走出書齋到田野鄉村和市民中進行調查研究、結束了經學時代、以歷史眼光檢視儒學和諸子等等，都是確立新學術範式的努力。這一轉變，也標誌着中國學術界脱胎換骨，全面進入了現代，爲此後的學術發展奠定了堅實的基礎。當然，西方啓蒙運動以來，在「現代性」和「現代化」裏潛伏着的缺陷和謬誤也傳到了中國，這些不能不在前哲的著作裏留下痕迹。這並不奇怪。類似的情况，古往今來孰能免之？猶如今天的我們，誰敢自稱我之所見就是永恒的真理？在這個問題上兩個時代所異者，或許就在昔時大家創立新説或譯註西學著作，往往是懷着對學術和前哲的敬畏而爲之，故而常常誤不在我；當今則往往出於對學問和他人的輕蔑，或以所研究的對象爲謀己的工具，因而難辭主觀之咎吧。翻閲他們的心血之作，這些復雜的狀況可以顯見，可以視之爲我們的一面鏡子。

滄海桑田，世事變幻，歷史的動盪和時代的遮蔽，使當年許多大師的一些極有價值的學術著作被棄於故紙堆中，不能不令人有遺珠之憾。爲此，山西人民出版社不惜以數年之艱辛，披沙瀝金，編輯出版這套近代名家散佚學術著作叢刊，凡一百二十册，計文學、史學、政治與法律、美學與文藝理論、民族風俗、宗教與哲學、經濟、語言文獻共八大類別。所選皆爲作者之純學術著作，無論是其見解、精神，抑或是其時代烙印，都是後輩學人可資借鑒的寶貴財富。他們出版這套叢書，意在讓世人不忘來程，知篳路藍縷之不易，爲民族文化的傳承再增薪木。

出版社的初衷，與我近年來所思所慮近似，故願略述淺見於書端，以與策劃者、編輯者和讀者共勉。

二〇一四年七月六日

改定於自安東回京途中

前言／「风俗扫地伤王化，谁正人伦大雅！」

◇許石林

前人欲治天下者，必先視乎風俗，蓋風俗所在，如是則宜，非是則不便。荀子曰：「入境，觀其風俗。」蓋觀風俗以知人心，因其所宜以制禮作樂、立典明法，以期使千差萬別之原生態風俗，得以優化、矯正、改良而趨於均一。而均一之法，所謂「移風易俗，莫善於樂」，以文化野——數千年歷史，雖歷經朝代更迭、戰亂波折，文明陵夷而能頑韌修復與振起者，正因爲風俗矯正、改良從未停歇，此正是「文化」的過程。即均一之最終結果雖數千年而未實現，但均一的過程却從未停止。

風俗於天下安定、黎民富寧可謂至關重要，「治隆於上而俗美於下」，可以説是歷代中國讀書人的理想。考諸往史，自周秦以降，賢士大夫，皆知敦教化、厚風俗之重要，並以此爲己任。做官爲政，也必以淳厚風俗爲指歸，此抱本也；而今日世界各國，無不導民以利，以經濟指標考察政績，此誠逐末也。

前人對於風俗的理解，千年之下，基本相同。宋人蘇軾有云：「國家之所以存亡者，在道德之深淺，不在乎强與弱；歷數之所以長短者，在風俗之薄厚，不在乎富與貧。」清人顧亭林以爲，蘇軾的話是從古至今，最爲「深切」的「根本之言」。

顧炎武自己對風俗的理解，也是「根本之言」：「風俗者，天下之大事。朝廷有教化，則士人有廉耻；士人有廉耻，則天下有風俗。」他這種以天下爲己任的擔當意識和責任感，將賢士大夫即社會精英的「士風」，放在了擔負天下移風易俗重任的重要位置上。

然而歷代士人對風俗關注的焦點，却有差別，這本身也恰恰構成了各個時期風俗的重要内容。即以清末民初至一九四九年時期與今日民俗學大略印象比較而言，彼時的學人，正如許嘉璐先生所言，「(彼時)正是中國社會極度動盪的時期。尤其是日本帝國主義的侵略，把中國直接推向了生死存亡的關頭。即使如此，係統清理民國學術成果將會發現，中國學術研究不僅没有因此停步不前，反而碩果纍纍，成就巨大。民國學人在極其艱難的環境下，堅守中國的學術命脈，同時也是堅守着中國文化的命脈。」

而今日之風俗學，可能由於新的學術研究的切割法，多畫地爲牢，分塊處理，破碎害道。故今人論風俗，鮮有前人之宏闊胸襟，多退縮到現代意義上的民俗與民間文學之類，即便有所發現查獲，却無前人熱切地以資當下與未來政治的熱忱，故格局明顯狹小，淪爲供旅遊者攫取談資和獵奇的工具。更有甚者，若研究者價值觀被扭曲，則視舊的一切爲應當革除者，其所研究的結果，字裏行間必然流露出對舊風俗的警惕與謹慎、厭惡與拋棄的思想，如此，則其所知越多，對國故的殺傷越大。

基於此，近代名家散佚學術著作叢刊·民族風俗卷所搜集的民國學人的著作，皆當時士人學者發自於整理通鑑以期資治的用心，冀其所著述能有裨益於國家未來，孜孜矻矻，搜求剔爬，鈎稽考證，網羅歸納。其發願之宏大，足以令今人肅然起敬。而其學養之深厚淵雅，表述之明敏雋永，詞采燦然，亦令人愛賞不已。

撫卷讀之，神馳思飛，感慨萬端：此又民國之士風也。

余承蒙錯愛，忝爲「民族風俗」卷主編，自知失學無才，惶恐愧疚不已，豈敢妄言爲先賢序而着糞於佛首！焚沐捧讀，崇仰之情日滋日長。正如史前時期之西北著者裴文中先生在自己著作前所道，不敢言

「序」，惟有「感言」似乎不可欠缺。余雖愚魯淺陋，亦勉爲感言。所感者有二：

清末民初至一九四九年期間，西學東漸，風俗地理學研究，遂有了新方法。前人礙於工具等諸條件所制約，疏於田野調查之故，或許有過於粗略概括之處，得到了落實細化和實地考察的推進。當時的學者在詳細考證、小心發現後，不僅得出結論。更爲可貴者，將學術研究結果，與現實社會之間打通，讓風俗中的可資當下政治汲取的養分，充盈到現實中來，即向當局提出建議，給人以啓迪。從中可看出，作者没有遭受某種政治意識形態的干擾，有些結論和建議，與現代社會的種種法律、政治理念是相牾的，有的甚至是「向後看」的，但「向後看」的目的卻無疑是意在有利於向前走。也正因如此，反而能自由地向政治提供可資選擇與利用的思想資源。如干蘭——西南中國原始住宅的研究的作者，從建築樣式的歷史演變，得出兩廣及西南雲貴地區，文化上以夏變夷的漫長而平和的過程，令人頗受啓迪。回顧那一段學術史可知，不惟當時的政府力量給予學者以思想學術自由的空間，世俗民間風氣、民衆心態也給學者充分的思想考察的自由空間。此不由人不思忖：蓋思想空間越自由，則學術研究越有生機。此一也。

那一代學人，不幸遭逢國家動盪，外侮侵犯，保家衛國之時，並不急功近利，而期望能正本清源，尋求從根本上解决治療國家當時所存在的痼疾，彌補往史舊學所欠缺、所忽略的盲區，又或盡量搜剔鈎稽，歸納匯集，以資能有利於國家民族當時的救亡與未來的强盛。史前時期之西北、西域史族新考、東北地方沿革及其民族，皆是也。史前時期之西北的作者總結自漢代以來，歷代朝廷經營邊功，奄忽而盛，又倏然而寂，屢費財力損兵革，終究未能使西北做到久安永寧的原因，不僅僅在於謀劃未周，兵馬未强，作者認爲還在於中國的方塊漢字，對夷狄來説，難寫難認，使已經被羈縻之夷狄，不能順暢地接受優秀的中原文化，而以儒家爲主流的中原文化，又缺乏宗教力量以因果報應之説警戒愚俗，收拾人心，故夷狄與華夏離心離德，戰爲利來，敗無愧色，旋叛旋服，叛服無常，成爲數千年邊患。「海水有門分上下，江山無地限華夷」，這是明清易代之際，詩人陳恭尹發出的悲嘆。而能爲史前時期之西北這種推論做實证的，歷史上有多個朝代，比如北魏。作者不僅因此對經營當時西北邊務者爬梳匯集了翔實的史料，以鑒資當時的西北政治，更爲實際開發西北，提出了許多具體的設想，寫出了將來之展望，將來工作之途徑。作者還批評了當時打着開發西北旗號的各路「淘金者」。東北地方沿革及其民族的作者抱有同樣的志氣，梳理東北邊疆的沿革，並將其地域所有民族的風俗歷史，概括歸納。作者深感我國東北廣大土地，歷經沙俄、日本等的侵擾，並分析其原因，言簡意賅，脉絡十分清晰透徹，目的是使當時的政府，能振作起來，重視東北、保護東北，發展東北。近代名家散佚學術著作叢刊·民族風俗卷的作者，無論是大學教授、學者、地方官員、新聞記者還是中學校長，其字裏行間所洋溢的，都是自古以來，中華文化所孕育出來的賢士大夫胸懷家國天下的情懷。非有此等士大夫擔當情懷，不能有此胸襟眼界，無此胸襟眼界，不能有此考察風俗、發現歷史，希望能有助於國家救亡與復興的學問著述即千古文章。此二也。

余固非風俗專家，不能道盡其旨。作爲一個普通讀者，讀這些著作，對前人行文之美，愛賞不已。學者之文，凡舊學修養深厚者，其辭必然雋永可喜。愚以爲近代名家散佚學術著作叢刊·民族風俗卷的寫作，已經將漢語的文白相融，做到盡善盡美的高度了，它保存了文言文的矜持與自尊，詞約而義豐，又吸收了白話的通俗流暢，却因爲文言精神的提攜，使其氣不墜，白話不顯得囉嗦輕浮、枯燥乏味，反而有了直抒胸臆的痛快淋漓。正因爲這樣，這套叢書，不僅作爲學術專著，供後來學人作學術資料考索徵引，其實應該同時當作一般讀者的閱讀書目，必然會受到許多人的喜歡，「道不遠人」。此三也。

余貿然接受邀請主編此輯叢書，旋即愧悔，勉力爲之，不勝惶恐之至。謹以保存國故的心態，虔誠面對前人著作，對之如聆教誨。能將此叢書奉獻給今日讀者，則欣喜之情，陡然洋溢周身，覆蓋了一切。

風俗之於天下，可謂至關重要，移風易俗，正風俗以正人心，前人保存國粹者，無不以此相許。而今日之人，多迷信强權，崇拜金錢，對此多有忽略。今日學術界淺薄勢利，若不碰觸某一還活在人們生活中的風俗，則該風俗猶能讓人感受到古老文化的現實體温，反之一碰觸，則多粗暴否定與畸形改造，無异於毁滅良俗。「風俗掃地傷王化，誰正人倫大雅！」（元·吴弘道《醉高歌·嘆世》）

惟願此人文風俗叢書，能讓人重新認識風俗的重要，視風俗之考察，爲政治必要之端。

後學　許石林

二〇一四年九月二十一日於深圳

作者簡介

常任俠（一九〇四年—一九九六年），藝術考古學家、東方藝術史研究專家、詩人，中國藝術史學會創辦人之一。主要從事中國以及中亞、東亞、東南亞諸國美術史以及音樂、舞蹈史的研究，對中國與印度、日本的文藝交流史研究作出了開拓性貢獻。

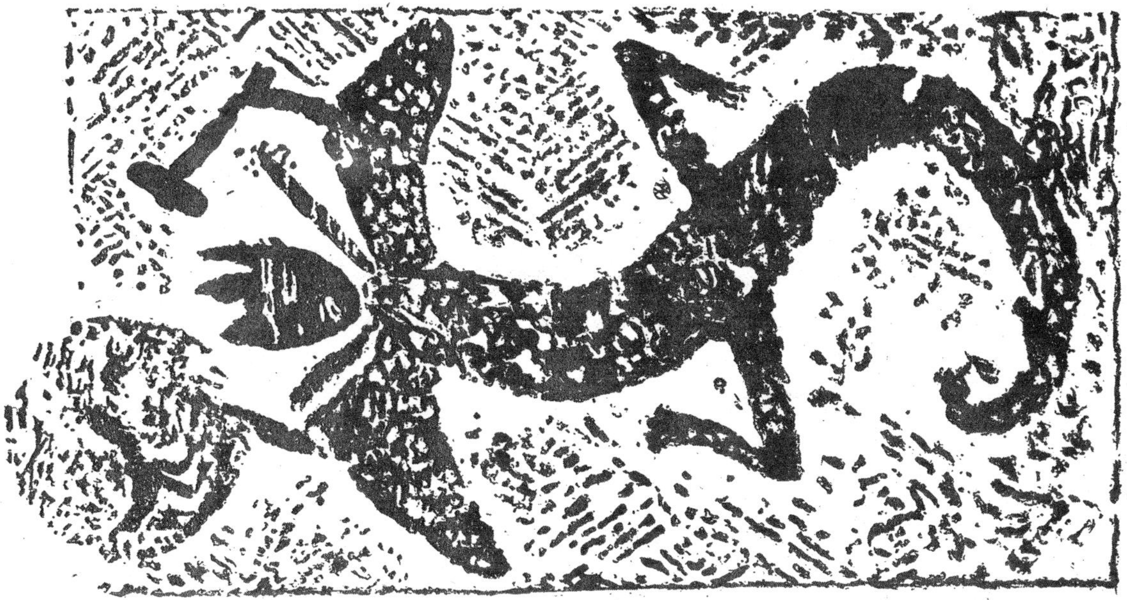

自序

余昔居東京帝大，常習藝術考古之業，雖無所就，然心篤好之，曾得參考圖籍五六千册，自波斯、印度以東，亞洲諸國繪畫雕刻建築音樂舞蹈諸藝，靡不喜愛，日夕展觀，輒足忘倦。自抗戰軍興，不能攜以俱走，蕩然俱盡，尤可痛者，則手自攝影鈎摹諸本，亦十不存一矣。既憤狂暴之侵，遂之漢皋，從軍一稔，歷各戰區，二十八年春，始來川中。得中英庚款之助，寫畢漢唐之間西域樂舞百戲東漸史一編，中國原始音樂與舞蹈一編，皆舊稿之未完者。其中插圖一二百幅，亦多散失矣。暇則更以餘力，探尋重慶近郊古跡，著爲短論。其中以發見漢墓漢闕資料爲多，綜計二十八二十九兩年，關於民俗藝術考古散篇，得文六七萬言。 金陵大學中國文化研究所，在滬曾爲刊印一册。雖所成無幾，然篳路先驅，重慶漢墓之見知，實余倡之也。余性騖馳多端，不能專理一業，平居好與儕輩，吟諷今體詩什，又在各大學， 與諸生論文史，凡所撰述，皆講課餘時，炎天休假爲之。參考圖籍既缺，復不能潛心推研，宜其粗略而不精密也。今取相類者八篇，彙爲一册，高明之士，幸糾正焉。三十一年七月穎上常任俠記於中央大學。

目次

一　沙坪壩出土之石棺畫像研究

（一）石棺畫像及其伴出物

重慶沙坪壩，國立中央大學開闢農場，掘地得石棺二，並伴出陶俑人二，陶雞一，銅鏡二。一鏡有文曰元興元年五月壬午，邊作連弧紋，內環四龍紋，今與石棺並藏國立中央博物院。一鏡較小，無文字，今與陶俑並藏國立中央大學史學系。出土之所，曾往踏察，在一小山坡側，土墳然隆起，下臨小溪，野英已開。聞當石棺出土時，四圍陶俑明器甚多，又有一陶馬，俱爲工人所毀。且墓似已先被盜掘，故棺與蓋皆另置，棺中人骨無存。棺係紅砂石質，一棺外長二・三三公尺，高〇・七三公尺，寬〇・七〇公尺，內空長二・〇八公尺，寬〇 四九公尺，高〇・五〇公尺，底厚〇・一三公尺；承蓋有子口。一棺較小，外長二・二二公尺，高與寬俱〇・七〇公尺，內空長二・〇〇公尺，寬〇・五三公尺，高〇・七〇公尺。棺兩側俱刻饕餮獸面環，前後各有畫像。較大一棺，前額刻一人首蛇身像，一手捧日輪，中有金烏（見圖），後刻雙闕。較小一棺，前額刻一人首蛇身像，一手捧月輪，後刻兩人一蟾，蟾兩足人立，手方持杵而下搗。中立一人，手持枝狀，疑爲傳說之桂樹。右側一人，兩手捧物而立。 棺一較大，一較小，所刻亦象徵一陽一陰，應爲一男一女，合葬地下。 一棺後刻雙闕，當係表明男性死者，在封建社會中之官階地位；伴出陶俑爲紅陶，無釉，俱不完，惟餘兩頭一足，一較大，一較小，頗似一男一女，亦宮俑。塚中人殆貴官也。其畫像作風，刻繪古拙，至遲當不在兩晉以後。鏡文作元興元年五月壬午，按以元興紀年者有三，東漢和帝，以乙巳四月改元元興，吳歸命侯孫皓，以甲申七月改元元興，東晉安帝，曾以元興紀年，是年壬寅三月，仍改隆元。是則吳與晉雖有元興元年，俱無五月。此當爲東漢和帝元興元年（當西歷一〇五年，金靜庵教授推斷，亦同此說）。據陳垣教授所著閏朔表，則漢和帝元興元年六月朔日癸未，五月壬午，當爲晦日。今觀此鏡紋樣，亦可認爲漢製。惟別無碑碣文字，僅據造鏡年月，仍不能推斷葬時之年月也。

（二）人首蛇身畫像即伏羲女媧

人首蛇身畫像，漢石刻畫像中常有之。其最著者有漢武梁祠石室畫像。其第一石刻畫兩人首蛇身像，兩尾相結，銘曰伏戲倉精，初造王業。又後石五，左石四，俱有人首蛇身交尾像。左石四所刻，一人執矩向右 一婦人執器向左，雖無銘文，然作一陽性一陰性者，均可知其爲伏羲與女媧也。又金陵大學中國文化研究所近印南陽漢畫，第十四圖第五十三至六十二圖，均爲人首蛇身像，第六十三圖爲兩人首蛇身交尾像，第六十八圖爲兩人首蛇身對立像，下一巨人承之。第三圖爲一人首蛇身捧月像，收集頗富。此外山東圖書館王獻唐氏， 亦集嘉祥滕縣所出人首蛇身畫像石多品， 曲阜近出尤多（據王氏函告，拓本俱未見）。川中發見類此畫像者，就所見尙有嘉陵江岸磐溪上無名漢闕畫像，作兩人首蛇身捧日月狀，日中有踆烏，月中有蟾蜍。又有新津寶子山畫像石，亦作兩人首蛇身交尾狀。又一畫像漢磚，刻人首蛇身捧日輪狀，冠三尖上出，與石棺畫像相同（磚石爲重慶江鶴笙君所得，墨本余俱有之）。武梁祠，與南陽各像，及川中所發現見者，風格皆異，而大體相同。沙坪壩石棺畫像姿態尤爲夭矯。又此類畫像，中央亞細亞新疆古冢中，亦嘗發見。日人橘瑞超氏，發掘新疆高昌古墓，曾獲人首蛇身交尾畫像，惟發掘情形，未有報告。畫藏日人所設關東博物館中。其後英國所派中央亞細亞探險隊主任斯坦因氏，繼續發掘高昌古墓，亦獲此畫。一九二八年所出版之極央亞細亞(Innormost Asia)中，曾刊印之。據氏所記，墓中槨壁之上，嘗有繪畫，在其奧壁，懸有絹織品上畫人首蛇身像。又棺上每覆木綿與絹織布片，絹片所繪，亦人首蛇身像也。絹畫爲彩色，兩人蛇身，綢繆相結，左者左手執矩，右者右手執鉸（按漢書七四魏相丙吉傳曰：東方之神太昊乘震執規司春，南方之神炎帝乘離執衡司夏，西方之神少昊乘兌執矩司秋，北方之神顓頊乘坎執權司冬，中央之神黃帝乘坤執繩司下土。此執規者，即太昊伏羲也。執矩執鉸，蓋至唐演變爲刀尺矣）。上有日輪，衛星環之。列宿星斗，繞其四週。其後西北科學考查團黃文弼氏，所獲此類畫像，得其函告，云亦類此，尚未見有報告。斯坦因氏發掘所得墓誌，最早者爲西歷五七一年物，最近者爲西歷六九八年物，以西北高原，氣候乾燥，畫雖絹質，而保存完好。墓室祠宇，繪此圖像，中國古代此種風俗，殆頗普徧，至何時始絕，今已不可考矣。

（三）自漢以來傳說中之伏羲女媧

伏羲女媧傳說，爲中國古代神話之一，與彼西伯來古傳說中亞當夏娃，東西相映，同具勢力。有史紀載，均謂伏羲女媧，人首蛇身，蓋承古昔傳說如此。玄中記云：「伏羲龍身，女媧蛇軀」。昭明文選李善注曰：「女媧亦三皇也」。鄭康成依運斗樞注尚書中候，以伏羲女媧神農爲三皇，司馬貞史記補三皇本紀亦同此說。史謂女媧者伏羲之妹。晉皇甫謐帝王世紀曰：「女媧氏亦風姓也，承庖犧制度，亦蛇身人首，一號女希」。山海經曰：「女媧之腸化爲神，處粟廣之野」。郭璞注云：「女媧古神女帝，人面蛇身，一日七十變，其腸化爲此神」。列子曰：「女媧氏蛇身人面，牛首虎鼻，此有非人之狀，生而有大聖之德」。漢許慎說文解字曰：「女媧古之神聖女化萬物者也」。淮南覽冥篇曰：「往古之時，四極廢，九州裂，天不兼覆，地不周載，火濫炎而不滅，水浩洋而不息，猛獸食精民，鷙鳥攫老弱。於是女媧鍊五色石以補蒼天，斷鰲足以立四極，殺黑龍以濟冀州，積蘆灰以止淫水。蒼天補，四極正，淫水涸，冀州平，狡蟲死，顓民生」。風俗通曰：「俗說天地開闢，未有人民，女媧摶黃土作人，劇務力不暇供，乃引繩於泥中，舉以爲人，故富貴者黃土人也，貧賤凡庸者，絙人也」（太平御覽卷七十八引）。女媧造人之說，頗與巴比倫古傳說相似，舊約創世紀所說，亦即源於巴比倫也。關於伏羲傳說，亦頗紛繁。自漢以來，其見於記述者。蓋非後世杜撰，大率原始傳說神話之紀錄。觀其神力之大，對於人類功績，之多，則其在民俗中之地位勢力，可以想見。傳其靈異圖像，繪於神聖殿堂，死者墟墓，有由然矣。

圖畫伏羲女媧於祠廟，由來頗古，其始見於楚辭天問篇。屈原觀楚先王廟堂而作天問，觀伏羲女媧圖像曰：「登立爲帝，孰道尙之。女媧有體，孰制匠之」（王逸注曰：言伏羲始畫八卦，修行道德，萬民登以爲帝，誰開導而尊尙之也。傳言女媧人頭蛇身，一日七十化，其體如此，誰所制匠而圖乎）。王文考魯靈光殿賦曰：「伏羲鱗身，女媧蛇軀」。唐張彥遠歷代名畫記曰：東漢明帝，雅好繪事，特開畫室，別立畫官，又創立鴻都學，以集奇藝，天下之藝雲集，會詔班固賈逵等博洽之士，取材經史，命上方畫工作圖，而固等爲之贊，成殿閣畫贊五十卷。首起庖犧，末收雜畫。此皆古代圖繪伏羲女媧於祠殿者。今雖不可見，而文獻猶足徵。至石刻及絹畫，頗多發現，若武梁祠及各古墓所獲，今俱存在，可供參互比較，沙坪壩所出兩棺，每棺各有人首蛇身像，亦其類也。

（四）在苗傜中傳說之伏羲女媧

稽考中國古史，苗傜之民，亦中夏原住民族之一。古先傳說，謂伏羲女媧而後，黃帝嘗與蚩尤戰而敗之，至舜更竄三苗於三危。說雖不必爲信史，而古者苗民亦嘗混居中原，殆屬可信。故於伏羲女媧二靈，稱爲人類之祖。崇敬既深，傳說亦富，固不僅爲漢族之神話也。苗傜相傳爲槃瓠之裔，干寶搜神記，述之頗詳。而槃瓠亦即盤古。赤雅載劉禹錫詩曰：

「時節祀槃瓠」，謂苗人祀其祖也。「嶺表紀蠻」引昭平縣志曰：「傜人祀盤古，三年一醮會。招族類，設醮場，行七獻之禮，男女歌舞，稱盛一時，數日而後散，三年所畜鷄犬，盡於此會」。洞溪纖志記苗俗曰：「苗人祀伏羲女媧」。伏羲一名，古無定書，或作伏戲、庖犧、宓義、虙義，同聲，俱可相假。伏羲與槃瓠爲雙聲（此承胡小石師說）。伏羲庖犧盤古槃瓠，聲訓可通，殆屬一詞，無間漢苗，俱自承爲盤古之後，兩者神話，蓋亦同出於一源也。

蒙昧初民，嘗以神話解釋宇宙萬類傳其遠祖故事。若洪水傳說，即常見各民族中。前於舊約全書希伯來人傳說者，已有加爾台亞傳說，存於倍洛索斯斷篇伊茲巴爾史詩中。希臘亦有宙斯憤怒人類罪惡，而降洪水之傳說，存於台薩利。又南美亞洛瑪尼亞之印度人中，南洋費濟島土人中亦有之。日本亦有八丈島之多娜婆傳說。中國洪水傳說，見於舊籍所載及民俗傳說者頗多。苗傜之民，近於原始社會，亦俱有此傳說，且均與伏羲女媧相關。敍述洪水之後，人類始祖，創造人類，型範樸質，垂世已久，又行苗文「盤王書」，傳唱苗民中，漢譯其意，敍述古皇創造天地，肇生萬類，頗類舊約創世紀。其中「葫蘆曉歌」述太古時代，洪水泛濫，上接天門，伏儀（亦即伏羲）躲身入一大葫蘆中。逐水漂浮，獲全軀命，於是爲人始祖，歌謠大意，與所傳說，內容無異，今俱記其梗概。以限於篇幅，節爲文語，特一經轉述，已失原作之樸美矣：

關於人類來源，其傳說於融縣羅城傜民中者曰：天將大雨，雲密風急，雷吼於空，小兒震懾。而勞者在外，治事自若，以夏多驟雨，所習知也。其時有一男子，已當中年，方以所積溪中青苔，鋪之木皮屋上，綢繆未雨，勤其所事。其人有兩小兒，俱十餘齡，相戲舍前，視父葺屋工作方竟，大雨驟至，俱入屋內，怡然相樂。已而風雨愈急，雷聲亟隆，如雷公發怒，威臨人世。其人若已預知事變，開其所製鐵籠，持一虎叉（昔人打虎用具）立屋簷下。雖霹靂暴擊而沉男不移。隨此巨聲，雷公持斧與鼓，迅自屋頂而下。目射凶焰，脅生雙翅。其人急以虎叉擒捕，納鐵籠中。因視雷公笑曰：汝今受捕，更將何爲。雷公無語，靜囚籠中。因呼小兒，前來守視，小兒初頗懼慴，久亦相習。明晨其人入市，往求香料，備殺雷公，醃胙佐餐。及將去時，謂小兒曰：愼勿以水與之。其人去已，雷公詭作呻吟，蓄痛苦狀，小兒來視，問其所苦，雷公因謂口渴，求與碗水。一兒較大，爲一男子，謂雷公曰：父言不許飲汝。故不能與。雷公再求杯水，兒言父知將被怒責，仍復拒之。雷公更哀懇曰：試以鍋把爲我灑水數滴，我渴將死，張口以待。一兒較幼，是一女子，慈悲憐憫惻然動懷。雷公爲父閉入籠中，已一日夜，未得水飲，謂其兒曰：此眞可憫，試以數滴與之。兒亦意同，因入廚下持一鍋把，卽爲雷公，灑水數滴。雷公得水，喜謝兒曰：請暫離室，吾將外出。兩兒從之，方至門外，忽復霹靂一聲，雷公已出。急拔一齒，與兩兒曰：迅種土中。如遭事難，可藏所結果實之內，語畢飛去。小兒驚詫，望空良久。父囘見籠已破，雷公已逃，急問兩兒，悉其經過，預知禍患將至，亦不責兒。無間晝夜，造一鐵舟，以備危難。小兒因將雷公齒塞土中，有如種子，忽已生芽，一日之內，便已開花結實。明日入園視之，果實漲大，成一葫蘆，碩大無對。摘去一蓋，中有無數雷公牙齒，悉挖去已，足容兩兒。至第三日，其人鐵舟已成，天空時起黑風暗雨，地下水湧，懷山襄陵，林木村舍，俱成滄海。其人撑駕鐵舟，兩兒藏入葫蘆腹中，漂浮水上。水愈高漲，上接天際，其人乘舟，直達天門，以手搥門，彭彭四震，將欲入內。天神畏懼，喝水神曰：速令水退。水卽退去，地上已乾。鐵舟堅硬，水涸下墜，舟中之人，因亦跌死。洪水之後，地上人類，俱已死滅，惟餘兩兒，卽爲伏羲兄妹。其時天之距地甚低，天門常開，故此兩兒，恆至天上嬉戲。兒年漸增，俱已長大，男頗欲婚，女則不願。以爲兄妹，不當相偶。惟男子屢求，女不能拒，因謂男曰：汝試追我，如能追及，便結夫婦。於是繞一巨樹，迅速奔避，男不能及，便設一計，轉身而走，與女相迎，女果入抱，便爲夫婦。既婚配已，後女產一肉球，因細碎之，藏入紙中，攀登天梯，赴天遊戲，方升其半，大風吹至，細碎肉球，四面飛散，落葉上者，卽便姓葉，落木上者卽便姓木，卽其所落之地，便以爲姓，於是世界，復有人類。」以上所述神話，盛傳融縣縣城附近村中，與「盤王書」中所記神話相同，玆略摘錄，以供參證。

盤王歌書　　雷落地一段

寅卯二年雷落地　　速泰二年雷落江(則)

僧家有賢來收捉　黃桿造繩縛一雙（出油）
寅卯二年雷落地　速泰二年雷落江
僧家有賢來收捉　僧家收捉轀禾倉（倉邊）
寅卯二年雷落地　速泰二年雷落頭（江）
僧家有賢濕雷歷　黃龍含水濕雷喉（郎）
寅卯二年雷落地　速泰二年雷落田（江）
僧家有賢醃雷鮓　龍兒伸奉大羅天（江）
寅卯二年雷落地　速泰二年雷落江
天下三朝晴漸雷　露漸三朝雷上天（江）

葫盧曉歌一段

一雙燕子白才才（纔纔）　口裏含花放落呂（來）
口裏含花放落地　放落籬根討地栽（理）
葫盧瓜勿大州出　大哥行往得歸栽（藏）
伏義種瓜有七夜　末經三夜勿頭開（起雙雙）
葫盧瓜勿大州出　大哥行往得歸居（家）
伏羲種瓜有七夜　末經三夜手爬籬（便開花）

葫蘆瓜勿大州出　大哥行往得歸居(藏)
伏羲種瓜有七夜　末經三夜大香爐　禾倉)
葫蘆裏頭有七角　修剡裏留有七雙(千)
寅卯二年洪水發　伏羲走入裏頭藏(眠)
葫蘆裏頭有七所　修剡裏頭有七雙(分)
寅卯二年洪水發　葫蘆浮起到天堂(門)
踏上天庭望天脚　望見天脚水平流(灘)
寅卯二年洪水發　巽水流來入貴州(灘)
寅卯二年雷發冷　速秦二年雷發癲(傷)
寅卯二年洪水發　七七老婆成嫩人(娘)
寅卯二年洪水發　七朝七夜蔭天門(閩)
仙人解衫來試水　減得一分心便開(寬)
寅卯二年洪水發　七朝七夜蔭天門(庭)
今天寅時減得半　明日卯時到底干
洪水盡　仙人把棒去巡天
仙人巡天到別國　天下全無一個人(蔭殺天下萬由人)

洪水盡　　　　仙人把棒去巡天

仙人巡天到別國　得見烏龜攔路眠（烏龜開口說無人）

洪水盡　　　　仙人把棒去巡天

仙人巡天到別國　打破烏龜成兩邊（能甲烏龜同樣圓）

此歌字多遠訛，語亦不盡可解，因存原型，尚足覘㳺後民族之文化，近於原始社會矣。盤王歌篇前頁，尚有如下七小節，益不可解。

「羅利陵羅里羅利陵羅羅里羅利羅里那陵羅　里陵羅羅利里羅啗第二　利利那陵羅爐里里陵羅羅　壟利羅利羅利陵羅羅爐羅啗第三

以意測之，殆猶今工尺以記唱時之聲調耳。又書中造天地歌，三十八首，皆七言四句，亦無系統。玆摘錄數章。

第一平皇造得地　第二高皇造得天

第三竹王造得火　第四銅王造得錢

第一平皇造得地　第二高皇造得天

第三陵王造得首　第四盤皇造得衫

高皇在天置天地　平皇在地立山苗

立得山苗無萬活　又置水源無萬餘

高皇在天置天地　平皇在地置平田
置得平田凡人作　又置牯牛無萬千

又盤王歌二十六首，述盤王出世，及所造作云：

起記盤王先起記　盤王起記造犂耙
造得犂耙也未使　犀背大塘谷曬芽
起記盤王先起記　盤王起記種苧麻
種得苧麻兒孫績　兒孫世代績羅花
起記盤王先起記　盤王起記造高機
造得高機織細布　布面有條楊柳絲

先民積累文化成績，後世稱述，往往歸之一人，世界各民族傳說神話，大率如此。盤古創造天地，孳演羣生，苗漢皆祠之，說雖不經亦最古神話之一也。又伏羲女媧神話，傳於武宣修仁傜民間者，說亦略同。云有下界神人，與雷公戰而敗之捕禁籠中，神人之子，與以豬糟，乃得逃去，雷公報之以齒，種而生瓠，破瓠製爲團船，洪水既至，乘之得生。神人入市，購一巨大鐵鑊，備烹雷公，見洪水至，即以爲船，於是率其二子，上達天門，復捉雷公，訟其殘殺地上生靈，陳於天帝，天帝義之，命與雷公分治四時，自立春以至立秋，雷公爲政，自立秋以至立春，神人爲政。以故冬日無雷，至今無替。兩子復返人間，原爲兄妹，長結夫婦，洪水之後，爲人鼻祖云。此傳說尤曲折盡致，今僅節記其略而已。

（五）關於日月金烏靈蟾之傳說及其他

原始人類，解釋宇宙自然現象，恆喜賦以生命。世界各民族關於日月之傳說，大率有之。沙坪壩所出石棺，上刻人首蛇身畫像，一捧 輪，中有金烏，一捧月輪，後刻靈蟾桂枝。日中有烏其說始見於楚辭，楚辭天問篇曰：「羿焉彃日，烏焉解羽」。王逸注引淮南言：「堯時十日並出，草木焦枯，堯命羿仰射十日，中其九日，日中九烏皆死，墮其羽翼，故留其一日也」。淮南又云：「日中有踆烏，踆猶蹲也」，春秋元命苞云：「陽成於三，故日中有三足烏者，陽精也」。又山海經曰：「黑齒之北曰陽谷，居水中，有扶木，九日居下枝，一日居上枝，皆戴烏」。按扶木亦即扶桑，日居上枝下枝，視同烏雀，先民樸美之思，可以想見。此皆關於日中金烏之傳說也。月中有兔，較之月中有蟾，其說爲早，亦見於楚辭。天問篇云：「夜光何德，死則又育，厥利維何，而顧菟在腹」。王逸注云：「夜光月也，言月中有菟，何所貪利，居月之腹，而顧望乎」（金大印南陽漢畫第一三四圖，有玉兔搗藥，其中月輪，有蟾蜍之像）。至於靈蟾椿藥，蟾宮折桂之說，則後世甚盛。以蟾兔並列月中，漢人已多言之。劉向五經通義曰：月中有兔與蟾蜍何，月陰也，蟾蜍陽也，而與兔並生，陰繫陽也。乾鑿度曰：月三日成魄，八日成光，蟾蜍體就穴鼻就明（註穴，決也，決鼻，兔也）。張衡靈憲曰：月者陰精之宗積而成獸，象蜍兔。淮南精神訓曰：日中有踆烏，而月中有蟾蜍，日月失其行，薄蝕無光。說林訓曰：月照天下，而蝕於蟾諸。晉傅玄詩曰：蟾蠩食明月。古詩十九首曰：三五明月滿，四五蟾兔缺。此皆見於舊籍者。現存實物中，少室石闕畫像，有月輪蟾兔並列。漢瓦當中，有蟾兔紋樣（瓦當爲劉鐵雲氏舊藏，今歸日人中村不折氏。曩居東京曾見之）。近金大所印南陽漢畫，其第三圖，中有人首蛇身畫像，手捧月輪，中有一蟾，第二圖衆星之中，有一月輪，中亦一蟾。第四圖則月輪之中，一蟾一兔。與瓦當相類。是皆漢人所遺。今存此實物，是漢時已有月中靈蟾之說矣。此風所被頗廣，雲南陸涼爨，龍顏碑，亦刻日中踆烏，月中蟾蜍，則猶漢人之遺俗。今石棺所刻靈蟾，猶是四足，至三足之蟾，則更晚出耳。

沙坪壩所出石棺兩側，所刻饕餮獸面環，爲漢器所常見。石棺空白。無畫像處，率刻席紋，亦與河南登封嵩山太室神道石闕相同。一棺後額所刻雙闕，猶得略見漢代建築之型式，今四川所存漢闕，尙可資爲比較。兩人首蛇身畫像，背皆有翼，武梁祠所刻神人，背亦有之。大抵畫像出土之區愈西者，愈覺飛動，此石棺兩像尤栩栩欲活。歐洲古希臘沿襲西亞傳說，如叩必德安琪兒等，亦皆有翼。但彼則有翼益覺其可親，此則有翼更呈其可畏，此亦中西藝術之異點也。

（承國立中央博物院裘善元先生惠贈石棺拓片，國立中央大學史學系金靜庵教授惠贈陶俑照片，並此誌謝。二十八年二月二十八日寫畢。四月二十八日改訂。）

附錄一

沙坪壩中央大學農場區內發見古墓紀事

金靜庵

民國二十七年一月間，國立中央大學農學院附設農場區內，有發見古墓之事。某報略爲披露而語焉不詳，是時余雖入川，尚未到校授課，直至五月下旬始知之，欲撰一文，以紀其事，卒卒尠暇，遲至今日，始得涉筆，粗舉其概，不能詳也。

當二十六年秋，中央大學自南京遷於重慶郊外之沙坪壩，至十一月始能開課，旋於學校附近闢設農場，建房以居工人，於開闢地基之時，乃有此古墓之發見。是時有農學院職員吳君國棟在場監視。據吳君言，墓內並列石棺二具，前有隙地，置有附葬之明器土俑等事。初發見時，吳君亦不之知。迨查知後，所有附葬諸物，多爲工人鑿毀，或被持去，僅餘銅鏡二具，土俑祇存二首一足，又有一雞，聞尚有五銖錢，觸手即碎，竟無一存。而石棺則極完整。上覆版蓋。其中無骸骨，似已爲人發掘。 此當日發見之概略也。 及場房建成，即置石棺於房後，用以貯物。大學軍事教官唐君世隆，偶至是地，見而異之。以告中央研究院歷史語言研究所所員潘君確。潘君一再往視，見棺之四周雕有花紋人物。斷爲漢晉時代古墓。始知是棺之可重視，而所獲之銅鏡土俑，已先爲吳君攜至農學院保存。未幾中央博物院商之農學院，將石棺移至館內保存，並將銅鏡持去，迨余諗知其事，急借史學系同人姚君公書至發見地視察，而棺已爲人移去。又至農學院覓吳君詢之，始知銅鏡亦爲博物院取去，僅餘土俑數具，聊備參考而已。嗣將土俑移存文學院史學系，此卽余所知之大略也。

銅鏡二具，其一形小無字，亦無花紋，背紐有孔，無可考證。其一稍大，徑十三公分，面有雲形花紋，外輻射成十六角。中有四字，僅位宜二字可識。邊緣則有元興元年五月壬午八字，證漢鏡常有位宜公侯四字，而花紋之形，亦略與之同，此卽漢鏡之證也。愚又考後漢和帝吳歸命侯晉安帝及定安國烏玄明，皆以元興爲年號，孫吳地不及蜀，定安爲宋太宗時僻居東北之小部族，亦與蜀渺不相及。所可考者，惟漢晉兩元興耳。按後漢書及通鑑皆云，漢和帝於永元十七年夏四月庚午，改元元興。又以汪曰楨歷代長術輯要及陳垣二十史朔閏考推之，皆以和帝元興元年五月朔爲癸丑，六月朔爲癸未，是則五月晦日，乃壬午也。又按長術及朔閏考，是年四月無庚午，應有庚寅庚子庚戌，若爲庚寅，則下距壬午爲四十三日，改元詔書，自可頒到蜀地。若干支不誤，則必月分有誤，是年三月五月皆有庚午，而五月庚午，下距壬午僅十二日，改元詔書，決難到蜀。則史所記必爲三月之庚午，四月必爲三月之誤，據此則此鏡爲後漢和帝元興元年五月晦所鑄必矣。晉安帝於元興元年正月朔改元，是時蜀地已隸晉封，詔書早經頒到，自不待言，惟是年三月元顯執政，仍用隆安舊號，桓玄入京，凌偪晉帝，又於是月改元大亨。遲之又久，始復用元興之號，是則是年五月，不用隆安，則用大亨，決不能仍用元興 元興元年五月所鑄之鏡，不屬於晉，又明甚矣。得此反證，益知此鏡之必屬於漢，漢鏡既經證明，更須就石棺之形式刻畫及土俑等事證之，以明其爲何代之墓。頃由胡小石宗白華兩先生介紹考古學專家常君任俠到校，索觀土俑，斷爲漢製，則此墓之爲漢墓，可約略得之矣。石棺之前後，或刻伏羲女媧合像，或刻日月二神，刻漢宮闕，左右所刻，如鼎彝之有饕餮。此節應待常君考證。余不敢妄爲之說。古人以銅鏡殉葬，所用或爲前代舊物，晉人以漢鏡殉葬，自屬常事。惟據常君言石棺刻畫，亦當屬之漢代，則此墓應爲漢墓蓋十得八九矣。

余曾數次至發見地考按，見其地勢隆起，且有人工石外露，疑發掘尚有未盡，應再從事有組織之發掘。大約需工十餘人，需時十餘日，需款一二百元，即有成功之望。擬向學校當局陳議，想亦不難實現也。

愚又考是墓當爲後漢時代巴郡士大夫或官於此者所葬， 華陽國志載後漢汝南太守謁煥，度遼將軍桂陽太守然溫，皆江州人，江州即巴郡之倚郭縣也。又有巴郡嚴王思爲揚州刺史，有惠政，其子亦官徐州刺史，巴郡太守應季先爲作詩以張之。又有巴郡張翕爲陰平郡守，子湍亦官越巂太守，惟皆不詳爲後漢何帝時人， 墓中所葬，果爲志中所述諸氏之一，則其發見之成績，必有大於此者。然必於墓地爲有組織之發掘，乃能得有確證也。

二　重慶附近發見之漢代崖墓與石闕研究

川中文化，發達頗早，於古雖爲蠶叢之地，華路未啓，茅塞久荒，然至漢季，已文化遠進，炳煥當時。今觀漢代墓冢碑闕之屬，川東西中北各部皆有之，就此物質遺存之蹟，猶可上推先民社會制度、藝術禮俗之一斑，足以補證文獻之所缺也。前人調查川中古蹟金石者，嘗推劉燕庭氏所著金石苑，草創開基，採訪著錄，致力頗勤，然其實地踏察者少。次則一九一四年法國四川考古隊色伽蘭氏著中國西部考古記（Premiev Expose des Resultats Archeologiqwcs Obtenus daus la Clriue Occidentale Par la Mission Gilbert de Voisius Jean Latirgue et Victor Segalen 商務出有馮承鈞中譯本）述其搜訪所得，率皆身經，足以補苴舊聞頗夥。其於崖墓石闕二者，新獲尤多。然古蹟遺存，散之川中各處，調查仍未盡周，尚待吾人繼續努力工作。今茲中央大學史學系之所試掘者，即爲崖墓與石闕廢址，此兩遺蹟，爲方志著錄所未載，亦劉燕庭氏色伽蘭氏記述之所缺也。

中央大學所掘漢代崖墓，在重慶大學之南，嘉陵江岸。此崖墓墓羣，共計壙室有六，每室大小相若。墓門方三英尺，壙室內方七英尺，門皆三重。六墓由南而北，順序並列江岸。南起第一墓門外上方，舊有題識，總見蒙平二字，餘皆風化剝蝕，不能辨認。第四墓門外上方有「永壽四年六月十七日能(?)作此冢」題識十二字，猶未殘毀。此墓題識，較之曲阜孔廟禮器碑，略後二年，漢隸勁挺之姿，與禮器筆勢相仿。字作兩行，惟第十字不能確識爲何字耳。第五墓門外，亦有題記一行，但已模糊不可辨。第三壙室內，側有小龕，蓋以置明器。第六壙室則前後二室，中通羨道，作宮字形。其南不及半里，江岸另有一墓，壙室大小，亦相若。又其對岸廟溪嘴有光和三年熹平四年崖墓亦相類。余與中央大學史學系金靜庵教授既調查此墓，乃就第一壙室熹平墓試掘，中皆積沙，蓋冲積淤塞，嘉陵江水位，曾達此處所致。墓中在昔已被破壞，遺物人骨俱無，惟在壙室內得幾何紋樣古磚一枚而已。

川中漢代之崖墓，發見甚多，川人皆呼爲蠻洞，謂爲古者蠻族之所居云。今茲所見永壽四年作冢題識，足證蠻洞舊說之謬。據色伽蘭氏中國西部考古記之所調查，則崖墓分布甚廣，就其探考所及，揚子江之二大支流嘉陵江岷江皆有之。窟之易見者，下臨江岸。其餘位於分流水道流域之中，大致常於沿岸見之。其方向不定，常依天然崖石之直線開鑿窟門云。色氏調查嘉陵江流域保寧府、綿州一帶，岷江流域江口、嘉定東、岷江下流、嘉定西一帶，所見崖墓多處，形制亦不一。壙室中有陶棺或石棺，色氏並於墓中取得陶俑土器之屬，及菱形畫磚。俑像與洛陽附近邙山出土之像相類。近墓居民，所得墓中銅瓶，亦爲漢製。崖墓壁上，常有裝飾雕畫，爲虬龍翼獸之類，生態栩栩，足窺漢代藝術之一斑也。色伽蘭氏又於成都南五十里河口尋得崖墓一羣，於第四室中，見石棺二具，俱雕飾畫。有騎鹿之女，及繫椿之馬，與漢闕所見者同。又有二人對奕，作擲骰之狀。又有一鳥，與渠縣闕所刻相似。又其棺首刻二亭。色氏所謂二亭，蓋卽漢石棺刻繪常見之雙闕也。色氏所見石刻畫像頗多，惟未見崖墓漢人題識。氏曾引四川通志金石門彭山縣漢張氏穿中記引蜀碑記補：「建初二年（西紀七七）」。字原云：「在眉州碧鷄巖」。隸釋云：「武陽城東，彭亡山之巓，耕夫劚地有聲尋鑴入焉。石窟如屋大，中立兩崖，崖柱左右各分二室，左方有破瓦棺，入泥中。右方三崖棺，泥穢充牣。執燭視之，得題識三所。一在門傍，爲士所蝕，僅存其上十餘字，穿中沙石不堅，數日間，觀者揩摩，悉皆漫滅。其二在兩柱前，稍高，故可拓。時紹興丁丑年（一一五七）也。一柱二十五字，一柱四十九字」。隸釋云：「本張公賓之妻之穴也。其子偉伯及偉伯妻與其孫陵，皆祔葬右方曲内中，故志之。其一則偉伯之孫元孟，葬其父長仲，幷弟叔元所志也。其字古而拙」。云云（原文見四川通志卷六十）。據此蓋爲家族同葬墓羣。後此崖墓久被封沒，色氏尋求，終無所得。卽於其他各崖墓，亦未得見漢人題識。但氏據此文獻，因推斷崖墓亦有文字。今中央大學所掘崖墓，或亦家族同葬墓羣。因有熹平（一七二——一七七）及永壽四年（一五八）六月十七日甿（？）作此冢題識，得此文獻，彌覺可寶。若就此以推考崖墓之風習，或於一二世紀時，頗盛行也。按西紀一五八年，又爲漢桓延熹改元之歲，蓋至是年六月，川中仍用永壽紀年，沿而未改。猶之龜茲左將軍劉平國碑（一作劉平國開通道記），亦作永壽四年八月甲戌朔十二日乙酉也。

中央大學所掘石闕遺址，在大學隔江磐溪之南，不及半里。一闕在稻田中，下段作長方形柱體，石面已剝落，不知初建有文字否。其上爲斗拱，四隅立體雕刻四力士，突胸踞膝，以肩承之。人首已毁，表現強力之狀，猶自可見。再上爲闕蓋，模瓦棱之形。闕蓋已傾墜闕下，陷泥田中。全體建築，架構三層，下段長方柱體，爲石闕　軀幹，其上界石五層，構成上部複體。軀幹兩側面，西向外側，浮雕一人首蛇身像，手承月輪，中有一蟾。東向內側，浮雕一虎像，啣組而繫環，作向下吊垂之勢，皆古樸可愛。據此闕推知，必另有一闕在東，與之爲偶。　尋諸田畔，堆有廢闕亂石，略加發掘，　卽得錢紋畫磚半段，闕蓋，及殘闕軀幹。　在其兩側，一面浮雕人首蛇身像，手承日輪，中有一烏。　一面浮雕龍像，啣組繫環，與虎相同。蓋環者門紐，蒼龍白虎，爲漢四神之二，用以守門，故在內側也。其外側所雕人首蛇身像，則伏義與女媧耳。此闕因無文字，觀者初亦莫能斷其時代，但與渠縣漢沈君神道雙闕（沈君闕右闕銘文爲漢新豐令交趾都尉，沈府君神道。左闕銘文爲漢謁者北屯司馬左都侯沈府君神道）。建築雕刻相似，比較觀之，固知其爲漢闕矣。發見此闕之初，係中大軍事教官唐君世隆相告，余因邀約中大史學系朱逖先金靜庵諸教授，及故宮博物院長馬叔平先生前往調查。農人傳說云：此爲香爐，由龍溪山宏福寺飛來，甚著靈異，故來焚香敬禮者衆。其上斗拱，頗似方鼎之狀，鄉人不識，因迷信崇拜，而未摧殘，亦云幸矣。但雙闕已毀其一，即現存右闕之頂蓋，亦已傾墜，苟不加以保護，則此漢代建築，久受自然之摧折，風雨之侵蝕，亦必逐漸剝落，久而傾圮，可預卜也。

漢闕之存於今者，有廟闕與墓闕，廟闕立於廟門之前，墓闕立於墓門之前，若河南登封嵩山太室神道石闕（後漢安帝元初五年。西紀一一八年，陽城長呂常建。一云延光四年，西紀一二五年建）、少室神道石闕、啓母廟神道石闕（後漢安帝延光二年，西紀一二三年朱寵建）、山東嘉祥武氏祠石闕（後漢桓帝建和元年，三月四日，西紀一四七年武始公、綏宗、景興、開明四兄弟建），大率皆廟闕也。漢闕存於川中者較多，若雅州高頤闕、綿州平陽闕、新都王稚子闕、渠縣沈君闕、馮煥闕、夾江楊宗闕、梓潼賈公闕、李業闕、楊公闕及渠縣無名闕等，皆墓闕也。據色伽蘭氏一九一四年之調查，漢闕存於川中者，現有十八處，其間今尙保存建築雕刻之價値者，共有九石刻，爲建物中之最美者。此外二石刻較劣，五石刻已倒塌損壞，二石刻現已殘砌於新建築之中。其分布之地域，可爲三區，東爲渠縣區，中爲梓潼與綿州區，西爲夾江與雅州區云。川中諸闕與河南山東諸闕相較，因時間與地域之不同，建築風格頗異。中央大學發掘之闕，與渠縣沈君闕相似，惟無其瑰麗，沈君闕書法，湖北楊守敬氏以與馮煥闕並稱（馮闕銘文爲故尙書侍郎河南京令豫州幽州刺史馮使君神道）。沈君厥雕刻日本關野貞氏以與高頤闕比美（高闕建安十四年，西紀二〇九年建。闕文，漢故益州太守武陰令上計使令北府丞舉孝廉高君字貫光。漢故益州太守陰平都尉武陽舉孝廉都部從事高君字貫方）。據關野博士之推斷，沈闕類高闕，應亦三世紀初年物。則此發掘之闕，又類沈闕，建立年代，當亦略同也。川中晚漢墓闕獨多，殆其時好尙如此。今川中富人，猶喜治墓，豐碑佳城，隨處可見，蓋其遺風猶有存者。立闕所以旌功業，其意猶古之銘旌。惟銘旌置於墓中，類旌旗之狀，以帛爲之，不易久保（馬叔平先生云，懷來五孤堆古墓中，曾發見五鹿充印及銘旌，已殘壞，其中漢漆器尙完好）。闕則建於墓前，取爲過者所瞻仰也。雙闕建築，後世變爲石製牌坊，尤極雕鑿之能事，今街衢之中，大道之傍，各地常有之。其廟闕後世再變爲木製，有類旗桿，各地土地廟神前往往有之，其上有斗拱者是也。蓋墓闕多爲蕭梁以上之古刻，若南朝蘭陵建業陵墓所存石闕，其希臘式圓柱，已染域外之風，不類漢制，至隋唐以下，建闕之風旣殺，而遂亡矣。今余故鄉皖北各地，富人治墓，往往有石華表，雙立墓前，頂端各蹲一獅，則猶齊梁諸闕之遺範，特具體而微耳。

闕之制，亦猶碑也，故碑闕語常連用。其俗爲上代厚葬之一種，故爲之者多貴官。川中漢代墳墓，有闕有碑。惟崖墓無闕亦無碑，近於平民之所爲矣。但崖墓與石闕，常有雕刻繪畫，大率相類。所繪往往爲鬭獸，爲怒馬，爲力士，爲珍禽之飛翔，龍蛇之起舞，人物之游戲。蓋猶未染印度藝術作風，而有雄渾樸茂之觀。色伽蘭氏曰：「漢朝爲强健戰鬬生氣活潑之皇朝，其藝術之特性亦同，卽在造墓藝術之中，從未稍露死喪之意。其特徵卽任其「威力」，常用動物表現之。漢代大獸姑不論其種類如何，盡爲長身之獸，胸大腰聳，筋力呈現，大致以壯碩體狀居多，此種特徵，在闕上之浮雕中亦可見之。其間馬卒、獵士、裸身之人、半裸之女、各種獸畜，互相追逐，互相戰鬬，生動之狀，雖在墓所亦然。大型造像及闕上諸浮刻所表現之生意亦同。但在介石之上則不然，其平面浮雕，隱而不露，是爲一種表面作法，完全注意於紋線，祇顧其四圍，但其輪廓極精練也」。色氏之說，對於漢代石刻藝術，了解頗深。吾人生今之世，冥想漢族旺盛期，生命力之豐富，奔騰澎湃，光被四表，不禁神馳於上世矣。

三　饕餮終葵神荼鬱壘石敢當小考

今民俗藝術之中，有饕餮、終葵、神荼、鬱壘、石敢當，諸物，雖形製不同。而皆作獰惡怪異之狀；且取以爲厭勝之具，禁禦不祥，用意相同。此爲研究中國古代民俗藝術之資料，若就其法術與宗教方面，加以探討，則其中亦應有相通之關係也。

（一）饕餮

饕餮，今人家門首，往往有之。形作兇惡面具，赤舌外吐，以刃貫之。考其起源頗早。傳世商周古鼎彝，其上有若獸面圖案者，據今人之研究，多爲羊紋與雞紋，而往日說者，根據古文獻，往往名之曰饕餮。及至漢代，所製陶銅諸器，嘗有獸面環。漢石棺兩側亦有之，又石闕崖墓之類，亦常於當門首處，雕刻是物（此殆為今門上懸掛饕餮物質資料之最早者）。說者均謂之饕餮云。其見之於文獻者，呂氏春秋先識篇曰：「周鼎著饕餮，有首無身，食人未咽，害及其身，以言報更也」。又同書適威篇曰：「周鼎有竊曲，狀甚長，上下皆曲，以見極之敗也」。畢沅云：「舊校竊一作窮」，竊曲猶窮曲也。而淮南子本經篇曰：「故周鼎著倕，使銜其指，以明大巧之不可為也」。又道應篇曰：「故周鼎著倕而使齕其指，先王以見大巧之不可也」。倕為竊曲窮曲之促音，窮曲亦即窮奇。淮南子三苗高誘注曰：「三苗堯時所放渾敦窮奇饕餮之等」。又淮南子修務篇三苗高注曰：「讙兜堯時佞臣帝鴻氏之裔。子渾敦少昊氏之裔，子窮奇縉雲氏之裔，子饕餮三族之苗裔，故謂之三苗」，又呂氏春秋恃君篇曰：「雁門之北，鷹隼所鷙，須竅之國，饕餮窮奇之地，叔逆之所，儋耳之居，多無君，此四方之無君者也。其民麋鹿禽獸，少者使長，長者畏壯，有力者賢，暴傲者尊，日夜相殘，無時休息，以盡其類」。神異經曰：「西南方有人焉，身多毛，頭上戴豕，貪如狠惡，好自積財，而不食人穀，彊者奪老弱者，畏羣而擊單，名曰饕餮」。是饕餮與窮奇，關係至密，蓋為古者戰敗之民族，放之邊荒之地者矣。惟其戰敗，故取用厭勝，厭勝言厭敵以制勝也。取其首面，懸之於門，亦猶野蠻之俗，懸首以示衆，以矜功，以威敵耳。至今南洋等地土族社會中，固猶有獵頭之習俗也。

今人家門首懸饕餮，則古代蠻俗之遺，相傳未改，惟圖其狀，懸之門首而已。

考饕餮一語，實爲品德形容詞。作亦饕飻叨憤，叨𧸘。饕餮之意猶貪，與貪亦雙聲，春秋文十八年左氏傳曰：「縉雲氏有不才子，貪於飲食，冒於貨賄，天下之民，以此三凶，謂之饕餮」。注謂「貪財謂饕，貪食謂餮」。說文食部云：「飻，貪也。春秋傳曰：謂之饕飻」書多方曰：「亦唯有夏之民，叨憤日欽，劓割夏邑」。說文云：「𧸘，忿戾也。周書曰，有夏之民叨𧸘」。後漢書竇武傳曰：「妄任近習，專樹饕餮」。淮南子兵略曰：「貪昧饕餮之人，殘賊天下，萬人搔動。」張衡東京賦曰：「淼饕餮 貪慾」。是饕餮者，形容惡德之稱，其或以狀古者食人之民族未可知也。夫人有所仇讐，則恣意詆諆之。敵戰之民，恆以醜語毀其對方，以形其惡，而饕餮之名，所由樹矣。戰勝者誅鋤異己，折馘揚威，榜之門戶，以禦不祥。此蓋起於人類初有戰爭之際，後世鑄於器用，刻於建築，則其遺風流俗，至今猶有存者，可以上循其跡也。日本東京美專校長佛羅沙（ Ferllasa ）著東亞美術史綱，謂饕餮爲太平洋沿岸民族厭勝辟邪共同之標識，其所集圖片，有立桿室外，上懸饕餮面者，種種不一，亦吾說之佐證矣。

饕餮之名，後世又謂龍生九子之一。玉芝堂談薈引懷麓堂集云：「龍生九子不成龍，各有所好，囚牛，生平好音樂，今胡琴頭上刻獸，是其遺像。睚眦，平生好殺，今刀柄上龍吞口，是其遺像，嘲風，平生好險，今殿角走獸，是其遺像。蒲牢，平生好鳴，今鐘上獸紐，是其遺像。霸下，平生好負重，今碑座獸，是其遺像。狴犴，平生好訟，今獄門上獅子頭，是其遺像。負屭，平生好文，今碑兩旁龍文，是其遺像。蚩吻，平生好吞，今殿脊獸頭，是其遺像」。其中無饕餮之名。狴犴或是饕餮之變形。至升庵外集亦載龍生九子事，與玉芝堂談薈所載蒲牢狴犴睚眦三名相同者外有云「贔屭（亦作屓贔，或生贔屓）形似龜，好負重，今石碑下龜趺是也（即霸下）；螭吻，形似獸，性好望，今屋上獸頭是也；饕餮好食，故立於鼎蓋；蚣蝮，性好水，故立於橋柱；金猊形似獅，好煙火，故立於香爐；椒圖，形似螺蚌，性好閉，故立門首」，等六異名。又談薈引椒園雜記有屭贔，徒牢（即蒲牢）、螭吻、憲章（即狴犴）、饕餮、蟋蜴、蠻 、金猊、椒圖、鰲魚、獸蚴、金吾等十三名，則又與升庵外集，所載者異。是皆附會之辭，故人異其說，羌無故實也。惟以動物之形，飾於建築器用，則起源頗早耳。

（二）終葵

終葵，吾鄉俗謂判子。人家於五月五日端午節日，張諸壁上，以驅五毒，避邪祟。圖繪一怪神，紅鬚怒目，執劍擊一妖物，踏諸足下，而洞其胸，妖物宛轉痛苦，渾身綠色，狀至可怖。其前後上下，飛者走者，則蠍子、蜈蚣、毒蛇之屬，所謂五毒是也。大率板繪套色以黃紙印成，文士亦往往喜繪鍾馗圖（如李慈銘即每歲端陽，繪一鐘馗）。俗又傳鍾馗嫁妹故事，則不知始於何時。夢溪筆談曰：劉宋征西將軍宗慤，有妹名鍾葵，或鄉俗之所本也。今考鍾馗之起源，蓋始稱終葵。周禮冬官考工記玉人曰：「大圭長三尺，杼上終葵首」。鄭注曰：「終葵，椎也。為椎於杼上，明無所屈也」。禮記玉藻，「終葵椎也」，方言：「齊人謂椎為終葵」。說文木部曰：「椎，擊也。齊謂之終葵」。亦作終楑、柊楑。廣雅釋器曰：「終楑，椎也」。廣韻一東曰：「柊，木名。齊人謂椎為柊楑」。王國維氏爾雅草木蟲魚鳥獸名釋例曰：「釋草」，「蔠葵，蘩露」；「中馗，菌」。案：「蔠葵」「中馗」，皆椎之音變，考工記玉人注：「齊人謂椎曰蔠葵。」蔠葵，大莖小葉，椎菌，端有蓋；皆與玉人之「大圭杼上蔠葵首」相似，故皆得此名」。椎為終葵之合音，椎之義則為擊。後漢書馬融傳廣成頌曰：「翬終葵，揚關斧」。顧炎武日知錄曰：「蓋古人以椎逐鬼，若大儺之為耳。今人於戶上畫鍾馗像，云唐時人能捕鬼者，玄宗嘗夢見之。事載沈存中補筆談（按此說又見唐逸史云：明皇始疾，晝臥夢藍袍鬼從一小鬼，擘而啖之。自稱終南山進士，誓天下虛耗之業，乃詔吳道子如夢圖之。批其後曰：靈祇應夢，厥疾全瘳，烈士除妖，實須稱獎，因圖異狀，頒顯有司。歲暮驅除，可宜徧識，以祛邪魔，兼靖妖氛。云云）。未必然也（原注：五代史吳越世家，歲除畫工獻鍾馗擊鬼圖）。魏書堯暄本名鍾葵字辟邪， 則古人固以鍾葵為辟邪之物矣（趙翼曰： 終葵字辟邪，意葵傳譌，而捉鬼之說，起於此也。蓋終葵本以逐鬼，後世以其有辟邪之用，遂取為人名，流傳既久，則又忘其辟邪之物，而意其爲逐鬼之人，乃附會爲眞有是食鬼之人，姓鍾名馗者耳。天中記補筆談所載，皆不足信，而唐時每歲暮以鍾馗與曆日同賜大臣，多有謝表，則訛謬相傳，已非一日也）。又有淮南王佗子名鍾葵，有楊鍾葵、丘鍾葵、李鍾葵、慕容鍾葵、喬鍾葵（原注：北史庶人諒傳作喬鍾馗，又恩倖傳末有宮鍾馗，馗字兩見，而楊義臣傳，仍作喬鍾葵）、段鍾葵，于勁字鍾葵，張白澤本字鍾葵，唐書有王武俊將張鍾葵（原注：通鑑作終葵），則以此爲名者甚多，豈以其形似而名之，抑取辟邪之義與？左傳定四年分康叔以殷民七族，有終葵氏，是又不可知其立名之意也」。俗又以鍾馗貌獰惡可怖，故貌醜者亦稱鍾馗，如溫飛卿時稱溫鍾馗也。按之終椶、終葵、蔠椶、中馗、蔠葵、鍾葵、鍾馗，皆同音通用，其原語爲椎，而椎之意則爲擊。足以驅厲奮椅擊之威者，因以鍾馗名之，當人類社會，始有鬭爭，其羣勇敢善擊，足以制敵者，生則爲之魁，死復奉以爲神異，遂爲宗教所崇，符禁所依。歲暮大儺，則爲宗教之舞，歲暮畫鍾馗，則爲壓勝所託。穿穴下葬，以戈擊四壁，是亦鍾馗之所爲也。惟今懸鍾馗圖，恆在端午節，而歲暮所張，則爲神荼鬱壘耳。又今歲首，往往擊鑼鼓，一人戴獅首而舞，走入人家，以驅不祥，是亦大儺鍾馗之變形也。

（三）神荼鬱壘

今歲首人家門上，張貼板畫神像，甲冑騎虎而執劍，名曰神荼鬱壘，亦有油彩漆繪於門上者，亦有竟書神荼鬱壘四字者。神荼鬱壘爲二神名，關於此種神話之傳說，蓋漢代最盛，或出齊魯方士之言。蔡邕獨斷曰：「海中有度溯之山，上有桃木，蟠屈三千里，卑枝東北有鬼門，萬鬼所出入也。神荼與鬱壘，二神居其門，主閱領諸鬼。其惡害之鬼，執以葦索，食（同飼）虎，故十二月歲竟，畫荼壘，並懸葦索於門戶，以禦凶也」。鬱壘亦作鬱儡，後漢書禮儀志云：「東海中有度朔山，上有二神人，一曰神荼一曰鬱儡，主閱領衆鬼之惡害人者，執以葦索，而用食虎」。應劭風俗通義祀典第八曰：「謹按黃帝書，上古之時，有荼與鬱壘，昆弟二人，性能執鬼，度朔山上，章桃樹下，簡閱百鬼。無道理妄爲人禍害，荼與鬱壘，縛以葦索，執以食虎。於是縣官常以臘除夕飾桃人，垂葦茭，畫虎於門，皆追效於前事，冀以衛凶也」。戰國齊策三孟嘗君將入秦章，子東國之桃梗也，桃梗注曰：「東海中有山名度溯，上有大桃，屈槃三千里，其卑枝間東北曰鬼門，萬鬼所由往來也。上有二神人，一曰荼與，一曰鬱雷，主治害鬼，故使世人刊此桃梗，畫荼與鬱雷首，正歲以置門戶。辟號之門，荼與鬱雷，皆在東海中，故曰東國之桃梗也」。王充論衡亂龍篇曰：「上古之人，有神荼鬱壘者，昆弟二人，性能執鬼，居東海度溯山上，立桃樹下，簡閱百鬼，鬼無道理，妄爲人禍，荼與鬱壘，縛以盧索，執以食虎。故今縣官斬桃爲人，立之戶側。畫虎之形，著之門闌。夫桃人，非荼鬱壘也；畫虎，非食鬼之虎也。刻畫效象冀以禦凶」。太平御覽引括地圖云：「桃都山有大桃樹，盤屈三千里，上有金鏤，日照此則鳴。下有二神，一名鬱，一名壘，並執葦索，以伺不祥之鬼，得則殺之」。又引續漢書曰：「先臘一日大儺，謂之逐疫。其儀選中黃門子弟十二已下百二十六爲振子，皆赤幘皂裳，執大鼗，方相氏服如周制，及十二獸裳衣毛角，中黃門外人冗從僕射之，以逐惡神於禁中，設桃鬱壘葦茭畢，執事者皆罷。葦戟桃枝，以賜將軍，持進諸侯」。又引玄中記曰：「今人正朝作兩桃人立門旁，以雄鷄毛置索中，蓋遺像也」。荆楚歲時記曰：「正月一日，繪二神貼戶左右，左神荼，右鬱壘，俗謂之門神」。文選張衡東京賦曰：「度索作梗，守以鬱壘，神荼副焉，對操索葦」。凡此蓋以傳說各殊，故微異其詞，而皆同出於一源。俞正燮癸巳存稿曰：「風俗通引黃帝書，神荼鬱律兄弟二人，性能執鬼，居度索山，桃樹下。此引甚多，或以爲黃帝書，或以爲山海經，荼或作蔡，律或作壘。義雖太古，亦經後人附會。漢蔡邕獨斷云：歲竟畫荼壘，並懸葦索以禦凶，晉司馬彪續漢書儀禮志云：大儺訖，設桃梗鬱壘，是專有荼壘或鬱儡一挑人，而不云神荼鬱蔡。葛洪枕中書云：元都大眞王言蔡鬱壘爲東方鬼帝。語雖不可據，然可知漢魏晉道士相傳神荼鬱壘，只是一神，姓蔡名鬱壘。漢時宮廷禮制亦爲一人，而通儒及漢時道家黃帝書皆以爲二人，乃知古禮制古儒說，古道說，各不相喻也。審究其義，神荼鬱律由桃椎展轉而生故耳」。鬱壘亦作鬱律，路史黃帝氏紀：「設鬱律以除民害」。亦作族纍 漢書郊祀志上：「秦巫神社，主巫保族纍之屬」。顏注巫保族纍二神名，史記封禪書同，纍壘儡三字，並從畾聲，故通用，古雷字亦作靁。雷律一聲之轉，鬱族則爲疊韻，蓋原屬形容詞，轉爲名詞。與傀儡、畏纍，實亦相近，就俞氏所云，則展轉生於桃椎也。其義殆亦源於椎擊，猶鍾馗矣。神荼鬱壘由於桃椎，故後轉變爲桃符。桃符演變之歷程，先爲桃棒、桃梗、桃板之屬，荊楚歲時記曰：「元月鏤縣葦茭，桃棒門戶，卻厲疫也」。風俗通義曰：「桃梗，梗者更也，歲終更始，受介祺也」。太平御覽引玉燭寶典曰：「元月造桃板著戶，謂之仙木，像鬱壘山樹，百鬼畏之」。沈約宋書曰：「舊時歲朔，常設葦茭桃梗，雜於宮及百寺之門，以禳惡氣」。蓋古以桃木，有禦邪，避鬼之用，故以爲桃人。左傳曰：「桃弧棘矢，以除其災也」。太平御覽引莊周云：「有挂鷄於戶，懸葦炭於其上，樹桃其旁，而鬼畏之」。淮南萬畢術曰：「歲暮臘圊各於宅隅，雜以桃弧七枚，則無鬼疫」。淮南詮言云：「羿死於桃棓」。高注：「棓大杖，以桃木爲之，以擊殺羿」。用是以來，鬼畏桃也。本草曰：「梟桃在樹，不落者，殺百鬼也」。典術曰：「桃者，五木之精也。故厭伏邪氣者也。桃之精在鬼門，制百鬼，故今作桃人梗着門，以厭邪氣，此仙木也」。荊楚歲時記曰：「元日服桃湯，桃者五行之精，厭服邪氣，制百鬼，今人進屠蘇酒膠牙湯，蓋其遺制也」。由於迷信桃木之神異，製爲桃人桃梗桃棒桃板，至唐以後，而桃符遂盛，或作吉祥語，或直書神荼鬱壘四字，是以之榜之於門上，是以文字爲符籙矣。今門神與桃符並行，而桃人桃梗，猶存之於鄉俗巫覡之驅鬼。鄉俗喜製桃木爲鐗，類門神所持，用以避鬼。道士作法亦持之。俚俗又有鬼念桃橛之語，言鬼畏懼，遙立詛咒，不敢近也。吾鄉皖北潁上端公逐鬼，恆用雄鷄灑血及桃條七根，驅鬼後插於十字路中，徽州神巫驅邪，亦植桃椎於衢路。此皆古俗之猶存者。曩見長沙漢墓中，曾出木偶人，有鬚而下銳，是蓋所遺最古桃椎之類矣。

（四）石敢當

石敢當，立於里巷之口，以禁厭不祥者，其形雕石爲之，其上作凶惡面首，舌吐於外，以刃貫之，與饕餮略同，亦有雕一全身惡物像，俯立石後，於石上露其首。其下常刻太山石敢當數字。石敢當三字連文，始見漢史游急就篇。顏師古曰：敢當，言所當無敵也。顏謂急就之例，首陳諸始，其名字或是新構義理，非實相配屬，眞有其人。是石敢當云者，亦虛構二字，與石姓相配成文耳。後人乃鐫諸石，以爲禁厭之用。織古叢編曰：「吳氏廬舍，遇街衢直衝，必設石人或植片石，鐫石敢當以鎭之，本急就章也」。輟耕錄曰：「今人家正門適當巷陌橋道之衝，則立一小石將軍，或植一小石牌，鐫其上曰石敢當，以厭禳之。按漢史游急就章云：石敢當，顏師古注曰：衞有石碏、石買、石惡，鄭有石制，皆爲石氏，周有石速，齊有石之紛如，其後亦以命族，敢當言所向無敵也。據所說則世之用此，亦欲以爲保障之意」。輿地紀勝曰：「慶歷中，張緯宰莆田，再新縣治，得一石銘。其文曰：石敢當，鎮百鬼，厭災殃，官吏福，百姓康，風教盛，禮樂張。唐大曆五年，縣令鄭押字記」。五代史曰：「漢高祖劉智遠爲北京留守時，將舉大事，募膂力之士，得太山勇士石敢當，袖四十勀椎，人莫能敵」。後人遂借勇名以鎮邪，此蓋石將軍所由起也。今石敢當之形製，如川中所有，以刃貫凶惡面具之舌者，蓋類於門上之饕餮。其他作石將軍者，蓋類於門上之鬱壘，其取勇力椎擊之義，則又類於鍾馗，其書文字者，亦以文字爲符籙耳，蓋取壓勝辟邪之意則一也。

（五）結說

饕餮、鍾馗、神荼鬱壘、石敢當之類，皆民俗藝術所常見。雖形製各殊，而取義則一，饕餮、窮奇、鍾馗、鬱壘，古皆連語形容詞，故無定書。若就音韻學上，加以比較研究，則消息亦往往相通。其在宗教上與法術上，尤極普徧。上溯其源，以覘原始社會之遺風，猶可得其初義也。

二十九年三月承中英庚款會協助寫成，三十年夏重修改，作者識。

四　北溫泉縉雲山之石刻

縉雲山與北溫泉，俱有中古時期之石刻。縉雲寺初名相思寺，繼改稱崇教寺，創建於六朝劉宋時。明曹學佺蜀中廣記卷十七引圖經云：縉雲山在縣西北百三十里，其山高聳多林木，下有溫泉，分東西流，相傳黃帝於此合藥。陶宏景山水賦曰：增城瑤館，縉雲瓊闕，黃帝所以觴百神也，方輿覽勝卽謂之巴山矣。宋靈成侯廟碑云：此山出於禹別九 之前，黃帝時有縉雲氏不才子曰混沌縉雲氏，高辛氏亦有不才子八人，投出於巴賓，以禦魑魅，名基於此。山有九峯，寶塔峯最著，亦阿育王塔八萬四千之一也。迦葉尊者於九峯頂上，示一十三足，又飭袈裟印文於獅子峯云，則此山關於佛教道教之傳說俱有之，且起源頗早。感通錄謂縉雲寺卽古相思寺也。以此山有相思崖，生相思竹，形如桃釵矣。吳均春秋：渝州西百里相思寺北石山有佛跡十三，皆長三尺許，闊一尺一寸，深九寸，中有魚文，在佛堂北十餘步。貞觀二十年（西歷六四六）十月，寺側泉內，忽出紅蓮花，面廣三尺，遊旅往還，無不嘆訝，經月不滅。高僧傳云：隋無相禪師渡笠唐慈應禪師受記二龍處矣。凡此均見此山當中古時期，佛教之盛。又縉雲傳勝錄云：宋初慧權禪師住持太宗皇帝御誦梵經二百四十函。眞宗咸平元年（西歷九九八）迎至寺。景德中勅改崇教寺，封慧權爲慈印大師，有慈印師遺誡碑。咸平三年（西歷一〇〇〇）二月二十七日立，凡十三則。有熙寧三年（西歷一〇七〇）提點夔州路諸州刑獄江中行立石界約祕書有權渝州事諸官宋搆藏經記。按宋史仁宗天聖元年（西歷一〇二三）三月庚辰，涪陵相思寺夜有光，出阿育王塔舊址，發之得金銅像三百二十有七。則此山古刻佛像頗夥，多湮土中，當宋時曾有發見，今亦不知何存矣。此寺屢遭刼火，佛像碑刻，毀滅無存。今重加修整，爲漢藏教理院所在。年來寺僧平治寺後空地，於土中掘出石雕四天王像，僅存胸以上，形製頗古。其中一天王，鼻梁凹下，彷彿法人羅丹所作坍鼻像也。寺前有石照壁，中雕一獸，身有鱗甲，其側有芭蕉。寺僧云是豬化龍，實則當是麒麟，惟與今世俗所製麒麟像，稍稍不類耳。麟爲中國古傳四靈之一，周詩詠麟趾，春秋亦云絕筆於獲麟。他若麟吐玉書之類神話，不一而足，但究不知果作何狀。至近人法國費瑯氏（G. Ferrand）所撰瀛涯勝覽中之麒麟一文（見亞洲報一九一八年刊下册一五五至一五八頁）始謂出於瑣馬里語之Giri，北部諸方言中，名曰Geri，皆麒麟之原語，謂即熱帶所產長頸鹿云。此說頗得世界學者之承認。大抵吾國繪畫雕刻之麒麟，皆以意爲之，未見眞物，久之化爲神奇祥異矣。此寺前石照壁所雕異獸，側有芭蕉，則仍熱帶景物也。温泉寺內石橋橋欄，亦有芭蕉麒麟，雕刻作風，與此相類，蓋係同時遺物，又雕有極樂鳥，圓花圖案等，亦與唐代雕刻爲近。惟石質漸剝落，不久恐即毀壞，保存古藝術者，亟應加以注意也。

又温泉寺後巖下，曾就巖石雕有羅漢像，今存十五尊，神態栩栩。面容衣褶，俱頗可愛。郭沫若氏語余云：前在叢莽中，尋見此像，甚思設法保護之。以崖石下崩，雕像離去原來之位置，且在僻處，初亦無人注意，近則公園主任，已將周圍竹樹翦伐，使石刻顯露於外矣。又近日公園修馬路於土中掘得石佛頭、石柱礎（其上刻有小石佛及花紋）及殘破石經幢之類，大率皆中古時期雕刻藝術之殘遺也。川中六朝唐時佛教雕像，今存頗多，他若大足廣元等處，皆有佛像叢刻，有類江南攝山，洛陽龍門，大同雲岡，敦煌石室之盛，及今善保之，則好古者與管理文化教育者之責矣。

二十九年四月

五　整理重慶江北漢墓遺物紀略

重慶附郭之區，沿嘉陵江兩岸，多有漢代墓葬。以地形之變遷，及歷代之殘刼，今多不可考知。惟於荒壠廢墟間，時見古磚，人家牆角屋根，治井累竈，常亦採用，以是驗之，固知漢墓之已毀者，蓋甚多也。其在沙坪壩附近，已經發見者，蓋有數起：一墓石棺中，有元興元年五月五日鏡（西紀一〇五），又有永壽四年六月十七日（西紀一五八）延熹五年二月十九日（西紀一六二）熹平四年（西紀一七五）熹平五年十月十八日（西紀一七六）光和三年（西紀一八一）諸崖墓。皆在江干懸崖間，而刻紀年月其上，又曾發見一漢闕，無文字。凡此大率爲二世紀時所建築，皆劉燕庭氏三巴䂬古志法人色伽蘭氏中國西部考古記所未著錄者也。至於牛角沱對江江北漢墓之發見，亦屬偶然得之。其先予遊生生花園，見園路多漢磚，踏踐無問者，頗惜之，蓋當建園之初，墓遂被毀矣。余嘗以告友人呂君，呂又告之郭沫若先生，後予復告友人商承祚，以金大中國文化研究所，方集川中古磚圖案文字也。某日，郭與衛君聚賢，來園訪磚，無所見，因渡江作郊遊，至培善橋，見人家牆角屋根，皆漢時磚。有昌利富貴諸字，一磚又有任文二字，陽篆小印，若封泥然。因究所自來，旋於一新建築屋基下，發見古墓一。又於屋側，得殘破古墓一。頗動整理保存之念。其次日，召予及故宮博物院長馬衡先生往，再一審視，斷爲漢墓遺址無疑。以古文化遺物，無人注意及之，行被摧毀喪失之可惜也，因思急於救護之，乃請當地軍警，加以守視，於四月十四日，遂由郭衞爲之倡，廣邀好古之士，同往理其殘遺焉。其一墓早毀，一墓適當牆基下，於此僅得古磚數十，未能竟其工。聞工人言，其南兩里，尚有一古墓，已爲居人掘作空洞，遂往視，則其中積土未盡，衞擬盡除之，測量其制度，聞農本局即將夷平其地，以備建築，因窮四日之力急治之，躬握刀饞，汗浹於背，於土中更得意外之收穫。有鐵質長劍一，陶豆陶甑陶甕陶碗數事，陶俑人六，陶雞豚陶屋陶竈陶勺各一，五銖錢甚多，貫索已腐，敗結不可數，細心剔掘，並忘飲食。墓中空氣渾濁，頭目眩痛，亦不以爲苦也。郭衞與余圖其布置方位，並拍攝出土之狀。器在土中多殘缺，完者甚少，蓋因墓早被毀，有以致之。畢工之次日，乃盡出所得，公開展覽於墓旁之竹廬，觀者二千餘人，中央研究院任先生鴻雋來視，尤深關愛，且擬以院中專董修補殘器者，爲之綴理碎片，復其原狀云。其日歐美蘇聯人士，有來攝影並電知其國人者，以爲中國當抗戰正殷之際，而學術工作 盛，尤見建國事業之邁進也。

展覽器物，余任布置之役，且備觀者之垂詢，郭氏並爲外籍人士作簡要之說明。按之漢代喪葬，厚葬之風特盛，故墓中多置金錢食物 用飲食諸器及俑人。漢書五十九張湯傳七十二貢禹傳，俱言墓中瘞錢。東洋學報一卷二號所記旅順刁家屯漢墓發掘情形，亦言墓有五銖錢。此墓所出五銖錢頗多。嘗見長沙古墓所出半兩泥錢，亦瘞錢類此。製之以泥，則猶後世之紙錢。又其盤盂瓶甕之中往往有根鬚狀物，盤結其中，疑爲穀類生芽而成。後漢書禮儀志下記大喪曰：東園武士執事下明器。筲八，盛容三升，黍一，稷一，麥一，粱一，稻一，麻一，菽一，小豆一。甕三，容三升，醯一，醢一，屑一。黍飴載以木桁，覆以疏布。甒二，容三升，醴一，酒一。載以木桁，覆以功布。此風下逮於官庶，蓋已寖成一般之習俗矣。墓中所出日用飲食諸器，盤豆杯勺甑竈 類，其用俱見後漢書禮儀志。樂浪三十六至五十頁所載王盱墓內杯盤碗勺，則多以漆爲之，其瓦甕瓦碗，亦當與此同也。瓦器有小口大腹者，疑爲盛酒之物，類於古匈奴語所謂之服匿，解見漢書李廣蘇建傳，而秦語促音則謂之缶。 曰甒曰瓻曰瓶，殆皆其轉語耳。 墓中有劍，北方古墓，殆頗少見。二十七年春，予客長沙，見城外古墓所出亦有之。其地古屬楚，伴出楚器頗夥。楚辭九歌東皇太一曰：撫長劍兮玉珥。少司命曰：竦長劍兮擁幼艾。國殤曰：帶長劍兮挾秦弓。九章涉江曰：帶長鋏之陸離兮。皆可見其風尚。巴楚比鄰，傳習正同。又戰國馮驩有長鋏之歌，而史記言荊軻刺秦王，王所佩，亦長劍也。蓋自漢以前，已習用於諸國矣。墓中陶製雞豚，川中古墓所出多同，長沙漢墓所出亦有之。川墓多瓦俑，猶得見漢衣冠。而長沙古墓之俑，有以木梗製成者，上有鬚髯，下銳如錐，則其特異之物也。予輩就所整理各墓，僅得殘物，而無文字，因難斷定其年代。後又於附近雨田山，尋得漢墓九處，方保留以待將來之探究，其一乃爲遊人所毀，予與郭衞出而止之，則已散出延光四年造作磚數十方，因得比證相近之年代。又墓側桐油公司，出掘地建築所得銅器四事，參與展覲，審其式制，亦漢器也。

回思二十七年春，予與友人商君承祚客長沙，見城外因新有建築，楚漢古墓，破壞至多，心焉痛之，乃無如之何。而司保管之責者，至今似尙無知也，其時出土古器物，貴重之品，多入外人之手，或遠鄆於滬上。商君節衣縮食，爭得若干器，又約摹攝影他人所藏若干器，以有金大中國文化研究所哈佛燕京學社基金爲之助，成長沙訪古記及長沙古器物圖錄各一編，以公於世。今茲重慶附郭及嘉陵江下游沿岸，因事建築，破壞古墓情形，正復相同。若有人能力救於垂危之際，亦有功於學術矣。

二十九年四月

六　西藏拉薩之唐蕃會盟碑

（一）唐蕃會盟碑之銘文

唐蕃會盟碑，在今西藏拉薩大招寺，蕃名伊克招，蒙古語謂大曰伊克，西藏語謂寺曰招，義云大寺也。碑樹大門之右，高一丈一尺，廣二尺五寸，厚一尺六分，西向，左半蕃書，右半漢字。漢字六行，行八十四字，字徑寸許，正書。今字多殘泐，其文則唐穆宗長慶元年（西紀八二一）十月十日會盟於長安王會寺所立盟文之節目也。左則（北面）勒蕃與盟諸臣名位，右側（南面）勒唐與盟諸臣名位，字皆橫列，蕃漢書相間。碑陰（東面）爲蕃文，橫書左行，凡七十八列。舊唐書吐蕃傳，入蕃使劉元鼎等就盟於吐蕃之悶懼盧川，以長慶二年五月六日盟訖；則是碑之勒，當在長慶二年五月（西紀八二二）後矣。碑已剝蝕，拓本磨泐不全。今年曾託入藏友人重拓，云殘泐更甚，已不能拓。按大清一統志載全文，而字句有異，蓋疆吏增損連綴以成者。西藏記亦載全文，惟稍近拓本，全唐文所載盟吐蕃題杜文，係據墨本，較實。平津讀碑記，筠清館金石記均有跋識。晚近金石家如太倉陸增祥，上虞羅振玉，日本內藤虎，及同事姚薇元氏等，皆有考錄。羅錄同全唐文，補正數字（見西陲石刻錄），陸則未睹全唐文，僅據墨本，所錄多守闕（見八瓊室金石補正卷七十一）。內藤據乾隆時拓片，及全唐文，並校以左半蕃文，故所錄較精到（見研幾小錄）。其碑側盟臣名位，補錄已臻翔實，而碑文則諸錄有異，尚可補正。至姚君爲之補釋闕疑，參核書志所載，與蕃文所記（據Charles Bell英譯及寺本婉雅日譯）而碑文益臻完善矣。茲據姚君補釋碑文，及內藤所錄碑側盟臣名位，錄之如下（見燕京學報第十五期及研幾小錄）：

大唐文武孝德皇帝與　　大蕃聖神贊普　　舅甥二主，商議社稷如一，結立大和盟約，永無淪（註一）替，神人俱以證知，世世代代，使其稱讚，是以盟文節目，題之於碑也。(以上第一行)文武孝德皇帝與　聖神贊普黎足德贊陛下，二聖舅甥，濬哲鴻被，曉今永之屯，亨矜愍之情，　恩覆其無內外，商議叶同，務令萬姓安泰，所思如一，成久遠大善，再續慈親之情，重申隣好之義，爲此大和矣。今（以上第二行）蕃漢兩國，所守見管本界，□□已東，悉爲大唐國境，已西盡是大蕃境土，彼此不爲寇敵，不舉兵革，不相侵謀封境。或有猜阻。捉生問事訖，給以衣糧放歸。今社稷叶同如一，爲此大和，然　舅甥相好之義，善誼(以上第三行)每須傳通，彼此驛騎，一往一來，悉遵曩昔舊路，蕃漢並於將軍谷交馬。其綏戎柵以東，大唐祇應，清水縣已西，大蕃供應，須合　舅甥親近之禮，使其兩界煙塵不揚，罔聞寇盜之名，復無驚恐之患，封人撤備，鄉土俱（以上第四行）安，如斯樂業之　恩，垂於萬代，稱美之聲，遍於日月所照矣。蕃於蕃國受安，漢亦漢國受樂，茲乃合其大業耳。依此盟誓，永久不得移易，然三寶及諸賢聖，日月星辰，請爲知證，如此盟約，各自契陳，刑牲爲盟，設此大(以上第五行)約，儻不依此誓，蕃漢君臣□□□□□□□禍也，仍須讎□及爲陰謀者，不在破盟之限，　蕃漢君臣並稽告立誓，周細爲文，　二君之驗證以官印登壇之臣，親署姓名手執如斯誓文，藏(註二)於王府焉。(以上第六行)

右側漢文

大唐宰相等和好登壇立盟官寮名位
大唐宰相同平章事名位
正議大夫門下侍郎□□
朝散大夫中書侍郎同平章事崔植
太中大夫中書侍郎同平章事王播
中大夫尚書戶部侍郎同平章事杜元穎
正議大夫兵部尚書蕭俛
大唐諸寮寀登壇者名位
金紫光祿大夫尚書左僕射韓皋
朝議郎御史中丞牛僧儒
太中大夫尚書右僕射兼吏部尚書李絳
銀青光祿大夫戶部尚書楊於陵
通議大夫禮部尚書韋綬
金紫光祿大夫尚書左僕射兼太常卿趙宗儒
太中大夫禮部尚書兼司農卿裴武
正議大夫京兆尹兼御史大夫柳公綽

銀青光祿大夫工部尙書兼右金武衛大將軍郭鏦
□□大夫大理卿兼御史大夫劉元鼎
□□郎兵部郎中兼御史中丞劉師老
□□郎守尙舍奉御□□大將軍兼監察御史驍騎尉李武
朝散郎□京兆府奉先縣丞兼監察御史李公度

左側漢文

大蕃宰相等和好登壇立盟官寮名位
大蕃宰相同平章事名位
□□政同平章事沙□□□□□□□□
□□□□天下兵馬都元帥同平章事尙綺心兒
□□□□同平章事□□□□□□
天下兵馬副元帥同平章事□□□□
□□□□□□□□□□
宰相同平章事論結贊世熱
宰相同平章事尙綺立贊窟寧悉當
宰相同平章事尙綺立熱貪通

宰相同平章事論類藏弩悉恭
大蕃諸寮宋登壇者名位
曩論琛尙類熱窟寧贊
玭論伽羅篤波屬盧論贊熱土公
悉南玭波琛尙旦熱悉諾匝
岸奔楂蘇戶屬勃羅末論矩立藏名摩
給事中勃□伽論悉諾熱合乾
資悉波折逋額論悉□昔斡窟
玭論設□尙□□□藏他□贊
刑部尙書□論結□□贊

附註一：論內藤本作渝。

附註二：藏內藤本作載。

（二）唐蕃會盟碑之形制

唐蕃會盟碑高一丈一尺（內藤謂高一丈五尺），廣二尺五寸，厚一尺六分。頗類柱體，故全唐文謂之盟吐蕃題柱文。碑上有蓋，簷閣四出。其式殆爲唐代經幢之變形，非漢以前古遺制也。蓋自印度佛法東漸，崇信之衆，喜誦梵偈。至唐永淳中，婆羅門僧佛陀波利（儀鳳元年西紀六七七東來，永淳二年西紀六八三取經），以尊勝陀羅尼經入中國，迄廣德中（西紀七六三——七六四）已八譯（詳見慧琳一切經音義）。經云：若人能書寫此陀羅尼，安高幢上，其影映見，或風吹陀羅尼上幢等上塵，落在身上，彼諸衆生所有罪業，應悉不受。故人往往以布帛製佛幢，上書尊勝陀羅尼經咒，隨風飄展，消諸罪業。其後取其經久不壞，復以石製經幢，樹以祈祐。當隋以前，國內尙無石製經幢，逍至唐初，而此風大盛。造幢各精藍，遍於十三道。於石幢外，又以石碑刻經，皆方碑四面刻，由前而右側，而陰，至左而畢。影響所及，卽樹碑立盟，覼其建築形式，亦呈新體矣。

按之唐代所立有關當時國際交涉之石刻，除此碑外，尙有突厥闕特勤碑（唐開元二十年西紀七三三年造），苾伽可汗碑（唐開元二十三年西紀七三六年造），九姓回鶻可汗碑等。當光緒己丑年（十五年西紀一八八九），三碑爲俄人拉特祿夫氏訪古於蒙古，得之元和林故城北，故稱唐和林三碑，突厥二碑，皆有中國突厥二種文字，回鶻碑並有中國突厥粟特三種文字，已故學者沈子培氏，曾撰考證，卽俄人名之曰總理衙門書者；其後日人白鳥庫吉氏，亦撰突厥闕特勤碑銘考（載史學雜誌第八編第十一號。據白鳥氏之紀載，此碑爲四方石柱形，除石座外，高約一丈九寸五分六釐，在七尺六寸二分三釐處，四面均刻文字，東南北三面爲葉尼塞文字，西面則爲漢文，碑銘係唐玄宗開元二十年西紀七三三年所撰，而墓中人闕特勤，則爲骨咄祿可汗之子，苾伽可汗之弟。漢文碑銘曾於西紀一八九二年由海耳新福爾(Helsin-gro-s)芬蘭畏兀兒學會刊行），提出萬國東方學會中。此等碑石之形式，大率與唐蕃會盟碑同。就此可知唐代所樹此類刻石之形式，多尚柱體。他如劉仁願紀功碑，平百濟碑(在朝鮮清忠道扶餘縣，唐高宗顯慶三年西紀六五八年造)姜行本紀功碑(此碑原爲漢班超紀功碑磨去改造，在巴里坤，唐太宗貞觀十四年西紀六四〇年造)，亦爲唐之邊疆刻石，具有當時國際關係，與此類也。

碑與刻石，古分爲二，形式各異。蓋古碑之立於宗廟者，所以識景繫牲，其立於墓壙者，所以引繩下葬。士昏禮曰：「入門當碑揖」，聘禮：「賓自碑內聽命。東面北上上當碑南」鄭注云：「宮中必有碑，所以識日景引陰陽也。凡碑引物者，宗廟則麗牲焉，以取毛血，其材，宮廟之石，窆用木」。祭義：「君牽牲既入廟門，麗於碑」。鄭注云：「麗繫也，謂牲入廟，繫着中庭碑也」。此立碑於宗廟之用也。檀弓曰：「公室視豐碑」。注云：「豐碑斵大木爲之，形如石碑，於槨前後四角樹之，穿木於其間，爲鹿盧，下棺以縴繞」。正義曰：「縴，即綍也。鑿去碑中之木令空，於空間着鹿盧，鹿盧兩頭，各入碑木，以綍之一頭繫棺緘，以一頭繞鹿盧，既訖，而人各背碑負綍末頭，聽鼓以漸卻行而下之」。喪大記曰：「君葬，用輴四綍二碑，大夫葬，用輴二綍二碑」。又曰：「凡封，用綍去碑負引」。注云：「樹碑於壙之前後，以綍繞碑間之鹿盧，輓棺而下，此時棺之窆，使輓者皆繫綍而繞要，負引舒縱之，備失脫也。用綍去碑者，謂縱下之時也」。此立碑於墓壙之用

圖七 西藏拉薩之唐蕃會盟碑

也。劉熙釋名釋典藝曰：「碑，被也，本葬時所設，施鹿盧，以繩被其上，引以下棺也。臣子述君父之功美，以書其上，後人因焉，故建於道陌之頭，顯見之處，名其文，就謂之碑也」。今觀漢碑猶有碑穿，蓋依古人之遺制焉。若夫刻石之可考者，蓋始於先秦，陳倉十碣，當爲最早之作，今猶存在。至秦刻石凡六，始於鄒嶧，次泰山，次琅邪，次之罘，由碣石而會稽，遂有沙邱之變。今存有泰山二十九字刻石（先在嶽頂玉女池上，後移置碧霞元君廟，乾隆五年燬於火，今殘石僅存十字）。琅邪臺刻石（存諸城海神祠內。通行拓本皆十行，惟段松苓所拓精本得十三行）。之罘碣石會稽三刻久亡 嶧山唐時亦焚於野火。追漢晉以來，則有魯孝王五鳳刻石（西紀前五七），趙二十二年羣臣上壽刻石，河平三年（西紀前二八）肥城麃孝禹刻石，萊子侯刻石，巴里坤裴岑記功刻石，阿克蘇劉平國刻石，吳禪國山刻石，天璽紀功刻石，紹興禹陵刻石，奉天懷仁晉義熙十年（西紀四一四）好太王刻石之類。至若漢碑之中，桐柏淮源廟碑、殽阬神君碑、三公山碑、天井道碑、漢安唐陳君閣道碑、孫叔敖碑、唐公房碑、曹娥碑、韓仁碑等，雖以碑名，其實皆刻石之類也。

唐碑雕鏤精工，往往以瑰麗著稱，去漢既遠，碑與刻石之分界漸泯。因受西域印度藝術之影響，事不師古，又呈新異之形製。若唐和林三碑，唐蕃會盟碑等，論其實質，皆可歸之刻石之列，而其形狀製作，與經幢亦有因緣。此亦討論吾國中古建築石刻藝術者，所當知也。

後記

寫此文畢，讀葉昌熾語石卷一云，有斷碑僅存兩角，上一角存十二行，行自十一字三字不等，下一角存七行，行自四字以下不等。年月已佚，亦無撰書人可考，惟上一石第九行，有聖神贊普，萬里化均，四鄰慶口云云，贊普係吐蕃君長之號，猶匈奴之稱單于，突厥之稱可汗，此亦吐蕃刻石也。附記於此。一九四〇八月十日著者識

七　重慶附近之漢代三種墓葬

川中重厚葬，其風早源於漢，漢代墓闕之存於今者，以川中獨多，可以見之。茲據實地調查發掘之結果，以重慶附近圙論，漢代墓葬，約育三種。一爲崖墓葬，一爲磚墓葬，一爲石棺葬。又曾發見一漢闕，闕後墓早平夷，除斷其非崖墓外，不知究屬何類。大抵儉奢不同，而貴賤異制，視其封建之地位與資產之多寡而定，殆亦所謂喪葬乘家之有無也。

（一）崖墓葬

崖墓葬皆在江干懸崖間，分布甚多，據法人四川考古隊之調查，則崖墓分布之區，川東西皆有之，該隊所已探考者，限於揚子江二大支流嘉陵江岷江二處。窟之易見者，下臨江岸，其餘位於分流水道之中，大致常於沿岸見之。其方向不定，常依天然崖石之直線鑿窟戶（說詳中國西部考古記Preraier Fxpose des Resultats Archlologiques Oktenus daus la

Chiue Occideutale Par la mission Gilbert de Uoisins Loou lutisguo ot Viutor Segaleu 及附圖。馮承鈞有中譯本，商務版，無圖），屬於嘉陵江流域者，爲保寧、綿州兩區，屬於岷江流域者，爲江口、嘉定東、岷江下流、嘉定西，各處（說詳前舉書中）。對於重慶附近，略而未論蓋調查所未及也。此類崖墓，在重慶附近，發見頗多，大率墓門方三英尺，壙室內方七英尺，在重慶上淸寺、曾家岩、化龍橋、沙坪壩、廟溪嘴、柏溪等處所見皆同。有單獨一墓者，有數墓並列一處者，並列之墓，往往亦非一時所造。在沙坪壩嘉陵江兩岸發見者，墓門之上方，常有刻字，在九石崗所見並列六墓，計有永壽四年六月十七日𠃊作此塚（西紀一五八），延熹五年二月十九日（西紀一六二），熹平四年（西紀一七五）諸題識在九石崗對江廟溪口懸崖上兩墓，有熹平五年十月十八日（西紀一七六），光和三年（西紀一八一）題識。九石崗六墓之下，另有一墓門之上方，刻一動物之形似鳥而四足，亦漢墓也。各崖墓早經破壞，中積泥沙，嘗與金靜庵教授，鳩工盡除之，均無所獲，不知原有明器否？鄉俗多稱崖墓爲蠻洞，以漢人刻石，題識證之，足知其繆。蓋非生人之宅，而爲死者所歸云。

（二）磚墓葬

重慶附近磚墓葬，分布亦甚多。大率沿江近水之地有之，且多在邱陵之上。莊子曰：望其礦，墳如也，皋如也，罣如也，則知所止矣。古之墓壙，蓋多營於高處，舊時堪輿之術，好言風水，豈即得風近水之地耶。今陵谷雖少變，而墳墓多平夷，惟散出墓磚，時時見之。重慶附近，磚墓所在之地，據所已知者，沿嘉陵江岸上溯，有江左張家花園、曾家岩、牛角沱、江右香國寺，培善橋，兩田山、江左紅岩嘴、小龍坎、中央大學松林坡、江右磐溪上兩溪嘴等處，最遠之處已去重慶二三十里，再上溯或或仍有之。皆在水左右。長江沿岸籔角沱、彈子石，以迄下游，所得墓磚，形式亦略同。以是知其時代之相近也。墓多被破壞，不易見一完整者，其式大率上作穹窿形，下為長方空間，後部稍寬，前部稍狹。後部為死者長眠之所，後部之前半以及前部，則以陳列明器。營墓之術，頗為精好，其上穹窿，磚皆接榫相比，以故歷久不毀，磚面均有幾何圖案或文字，以為裝飾，而每墓各異。一墓之磚，且至少必有兩種花紋也。本年四月嘗與郭沫若氏等就紅沙磧殘墓，作一試掘。先是墓亦被毀，居人穿其後壁，以為防空洞，惟其中尚有積土，擬盡除之，測量其制度。餘土垂盡，發見中有明器，雜陳其間，所獲乃出意外。惟以墓早被毀，故明器亦多殘缺，即其陳列方位恐亦不盡為原狀矣。所得計有五銖錢數貫，貫索已朽，陶勺、陶瓿、陶甕、陶盂、陶盤、陶豆、陶合、陶竈數種、陶雞、陶豚各一，陶俑人六，及鐵質長劍一柄，除拍攝出土之狀，並作圖測量，記其方位。墓中所出日用飲食諸器，盤豆杯勺甑竈之類，其用俱見後漢書禮儀志。樂浪三十六至五十頁所載王盱墓內杯盤碗勺，則多以漆為之，其瓦甕瓦碗，亦當於此類也。瓦器有小口大腹者，疑為盛酒之物，類於古匈奴語所謂之服匿，解見漢書李廣蘇建傳，而秦語促音則謂之缶，曰甒曰甀曰瓶，殆皆其轉語耳。墓中有長劍，其附近桐油公司掘地亦曾得一柄，與之相類。二十七年春，予客長沙，見城外古墓所出亦有之。其地古屬楚，伴出楚器頗夥。楚辭九歌東皇太一曰：撫長劍兮玉珥。少司命曰：竦長劍兮擁幼艾。國殤曰：帶長劍兮挾秦弓。九章涉江曰：帶長鋏之陸離兮。皆可見其風尙。巴楚比鄰，傳習正同。又戰國馮驩有長鋏之歌，而史記言荆軻刺秦王，王所佩亦長劍也。蓋自漢以前，已習用於諸國矣。墓中陶製鷄豚，川中古墓所出多同，長沙漢墓所出亦有之。廣倉學窘所刊古明器圖錄中，收入鷄豚俑竈之類亦頗多。大率北方所出。川墓多瓦俑，猶得見漢衣冠。而長沙古墓之俑，有以木梗製成者，上有鬚髯，下銳如錐，則其特異之物也。予曩就所整理之墓，僅得殘物，而無文字，殊難斷定其年代。後又於附近雨田山，尋得漢墓九處，方保留以待將來之探究，其一乃爲遊人所毀，予與郭等出而止之，則已散出延光四年造作磚數十方，因得比證其年代。又墓之近旁桐油公司，出掘地所得破碎銅器四事，應亦另一墓中之物，審其式制，亦漢器也(詳見拙著整理江北漢墓殘物紀略)。

(三)石棺葬

石棺葬以四川新津城東南堡宇山發見較多，其地在民國二十六年，曾出石棺五具，皆有雕刻畫像。一棺前有人首蛇身雙像，及雙闕車馬武士相鬬諸像。一棺雕有博弈舞樂大雀天馬諸像(見美術生活三十九期所載，二十六年六月一日上海版)。二十六年秋，南京國立中央大學遷於重慶附近沙坪壩，於其農場小丘上發見並列石棺二具，現歸國立中央博物館保存。棺之形式，與今俗用木棺相似。棺兩側俱刻饕餮獸面環，前後各有畫像（另詳拙著沙坪壩出土之石棺畫像研究篇）。伴出陶俑人，較之普通漢墓所出者，約大兩倍以上。俑載冠而着靴， 青色紅色者俱有之，皆爲官俑，塚中人殆貴官也。 明器又有陶馬陶雞陶魚等及五銖錢，又有陶制形類王瓜者，中空，不知其何名。因係偶然發見，無人指導，大率爲工人所毁，原出方位，亦不能盡知矣。惟棺中兩銅鏡尙完好。一小鏡無字，一鏡邊除有文曰元興元年五月壬午，其內又有位宜口口四字，邊作連弧紋，內環四龍紋。按以元興紀年者有三，東漢和帝，以乙巳四月改元元興，吳歸命侯孫皓，以甲申七月改元元興，東晉安帝，曾以元興紀年， 是年壬寅三月，仍改隆元。 是則吳與晉雖有元興元年，俱無五月，此當爲東漢和帝元興元年矣（當西曆一〇五年，金靜庵教授推斷，亦同此說）。據陳垣教授所著閏朔表，則漢和帝元興元年六月朔日癸未，五日壬午。當爲晦日。漢人鑄銅製兵，喜擇五月丙午，謂可取得純陽之精，以協其數。今取五月壬午，用意亦同，雖鑄造之時，不必定爲是日，然相差當不甚遠。 此亦漢人迷信五行風俗如此。 喪葬用鏡，楚漢古墓，往往有之，今發見甚夥，殆爲當時葬儀之一。以此鏡推知其年月，亦二世紀初年之所葬也。覆棺惟有泥土，未見磚石。惟棺下以石板平鋪，如今所見黃腸石然，與磚墓崖墓，均不同耳。

在沙坪壩江右磐溪西小丘上，更發見墓闕一對，左闕殘毀已甚。其上無文字。莫能知爲誰氏之闕。左闕外側刻人首蛇身擧ㄧ輪像，日中有金烏，裏側刻有龍像。右闕外側刻人首蛇身擧月輪像，月中有蟾蜍，裏側刻白虎像。龍虎俱啣組繫環，環蓋爲闕之門紐，青龍白虎爲漢四神之二，所以守門者也。其上四力士，以肩承斗拱。觀其形制，與渠縣沈君闕馮煥闕相似，蓋亦二世紀初至三世紀初百年中所建物也（說詳拙著重慶附近漢代之崖墓與石闕研究）。但闕後墓早平夷，故不能知其果爲何種墓葬。雖曾於闕前近旁隴畔，發見富貴文墓磚，但不知是否與此爲一耳。

（四）結語

重慶附近漢代之墓葬，就今所已知者，爲崖墓葬、磚墓葬、石棺葬三種。據所發見文字可考年代，則最早者爲元興元年五月壬午（西紀一〇五），最遲者爲光和三年（西紀一八〇），均爲西曆二世紀時建。由此可以考知當時重慶區域喪葬禮俗之儀，以及社會經濟文化之一斑。大抵磚葬石棺葬及營造墓闕，非社會上層階級莫屬，而崖墓較儉，蓋屬普通士庶矣。古者文化都市，皆依河流而生，重慶以臨巴渝水，昔稱渝州，二水所會，人居其間，亦其一例。按之川中漢墓崖墓葬，崖墓固在江干，其他墓葬，亦近水流，若新津嘉定渠縣等處漢墓麕聚之區，皆臨水都市，固不僅重慶已也。蓋交通所便，人煙斯聚，經濟有進，而文化乃生。墓葬多處，亦即當時人烟盛處，今日遺與吾人者可以方之地下博物館也。漢人經營川中，旣倚各水流爲交通，亦依各都市爲據點，其文化之展布，即在河流兩岸。若雖距都市水流過遠，當裏山叢壘之處，則漢墓之發見無聞，非僅搬運不便，人力難臻，蓋蠻荒未闢之所，或有巴番雜處，亦非漢族文化之所及也。若就川中漢代墓葬，廣事發掘，詳爲考稽，則於當時史跡實狀，以及經濟文化建築藝術諸端之概況，當必有所補矣。

此稿受中英庚款之協助，寫於二十九年七月五日中央大學被寇機大轟炸中。著者附識

附錄二

漢規矩磚考

嚴敦傑

古算書存於世者，以周髀、九章爲最早，然周髀之誼未詳，清儒已有此說，輓近考證，亦未能確定其成書年代；九章出於魏景元四年（二六三）劉徽手，其中雜有秦、漢間算學，不能代表某一時期作品，欲探討古代算學發展情形，則有徵諸乎實物之考察也。去歲江北漢墓出土，予亦往參觀，往歲所見漢磚，僅據拓錄，以未睹實物至憾，此次得手之撫摩，親身履勘，私以爲喜，嘗就各磚花紋，草拓一分而歸，以研其幾何圖案之構造，藉之古代算學概況，乃發現此規矩磚，實有加以究討之必要焉。

規矩磚乃余擬定名稱，亦猶磚號「富貴」之意。磚紋平面圓形寬約七·五公分，長約二

十六公分，分四段：第一段，爲圓形一，徑約五・五公分，圓八等分，各以直徑貫之，若輪狀，圓外四角有四點，圓心一點與四點狀同。第二段，左右方爲四三角形，卽以長約三公分，寬約二公分之矩形，作對角線，分而爲四，右方爲矩形二，矩形一又容一小矩形，若回字狀。第三段，左上角爲一等腰道角三角形，中爲犂形狀一，下具不規則之四邊形二，此二四邊形復容有四邊形，第四段亦爲一圓形，與第一段同；第一段與第二段間，第三段與第四段間，各以直線分畫，余以第三段中之直角三角形，卽矩也，犂狀形，卽規也。

按漢武梁祠石室有「伏羲手執矩，女媧手執規」造像，古代重視規矩，此磚之意亦同；比較之，其矩形同而規之變化，則由簡趨繁矣。周髀算經曰「數之法出於圓方，圓出於方，方出於矩，矩出於九九八十一，故折矩以爲句廣三、股修四、徑隅五，旣方其外，半之一矩，環而共盤，得成三四五，而矩長二十有五，是爲積矩，故禹之所以治天下者，此數之所生也。用矩之道：平矩以準繩，偃矩以望高，覆矩以測深，臥矩以知遠，環矩以爲圓，合矩以爲方，方屬地，圓屬天，天圓地方，方數爲典，以方出圓，笠以寫天，天青黑，地黃赤，天數之爲笠也，青黑爲表，丹黃爲裏，以象天地之位，是故知地者智，知天者聖，智出於句，句出於矩，夫矩之於數，其裁制萬物唯所爲耳」。矩之爲用大矣哉。此磚之犂形，余定爲規，其構造可說明如下：

如圖(一)，甲乙庚及丁戊己爲規之兩足，己每爲圓心，庚則規之；丁，戊，壬，丙四角均固定，乙則固定於壬戌中點上，而可活動迴旋之，丙丁爲有刻度之計算尺，有小孔如圖（二），以竹針插住之，甲則可自由移動丙丁間，甲之孔有如圖狀，依相似形定理，則知甲丙恆與己庚相等（其實有差數，乃甲乙之長不定，然古人或以約略不計）。若是欲畫規定之圓，可得而成也。

（一）
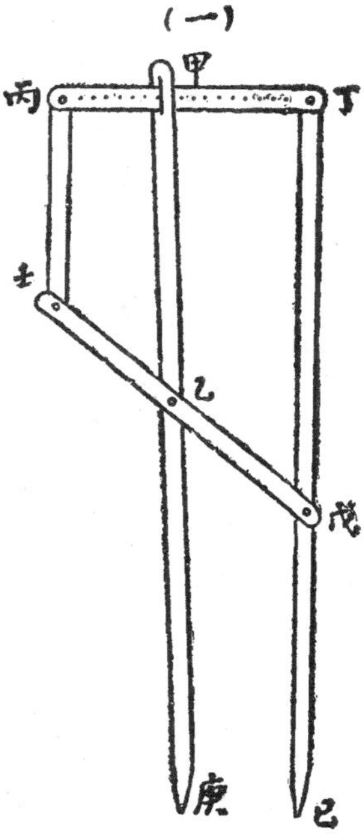

（二）
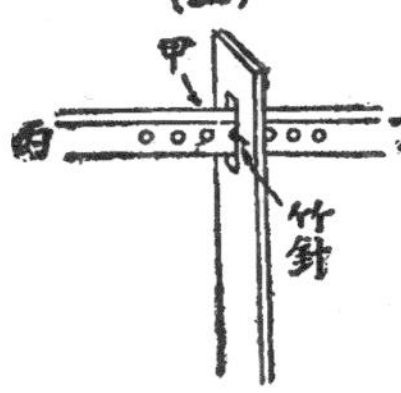

古人言規矩，可於下列各書見之：

離婁之明，公輸子之巧，不以規矩不能成方圓（孟子卷第七離婁章句上）。

梓匠輪輿，能與人規矩，能不使人巧（孟子卷第十四盡心章句下）。

今夫輪人操其規，將以量定天下之圓與不圓也。曰中吾規者謂之圓，不中吾規者謂之不圓，是以圓與不圓，皆可得而知也，此其故何，則圓法明也；匠人亦操其矩，將以量度天下之方與不方也曰中吾矩者謂之方，不中吾矩者謂之不方，是以方與不方，皆可得而知之，此其故何，則方法明也（墨子卷七天志中第二十七）。

譬若輪人之有規，匠人之有矩，輪匠執其規矩，以度天下之方圜，曰中者是也，不中者非也（墨子卷七天志上第二十六）。

圓者中規，方者中矩（荀子卷十八賦篇第二十六）。

直者中繩，曲者中鉤，方者中矩，圓者中規（莊子卷八雜篇徐無鬼第二十四）。

巧匠目意中繩，然必先以規矩爲度（韓非子卷第二有度第六）。

禮之於正國也，猶衡之於輕重也，繩墨之於曲直也，規矩之於方圓也，故衡誠縣，不可欺以輕重，繩墨誠陳，不可欺以曲直，規矩誠設，不可欺以方圓（禮記卷之十五經第二十六）。

圜者中規，方者中矩，立者中縣，衡者中水，直者如坐焉，繼者如附焉（周禮卷第十一冬官考工記之上輿人）。

（三）

規矩不能方圓，鉤繩不能曲直（淮南子卷第一原道訓）。

故天之圓也不中規，地之方也不中矩……若夫規矩鉤繩者，此巧之是也（淮南子卷第十一齊俗訓）。

夫無規矩，雖奚仲不能以定方圓，無準繩，雖魯班不能以定曲直（淮南子卷第十九修務訓）

昔倕之巧，目茂圓方，心定平直，又造規矩繩墨，以誨後人，試使奚仲公班之徒，釋此四度，而傚倕自制必不能也（潛夫論卷第一讚學第一）。

按規矩磚當具有規箴之意，爲之砌墓用者，以示其人也，余好中算史，乃妄爲斯篇，海內治金石考古者，其有以正之乎（第三圖卽係磚紋）。

牽牛與織女

——中國神話之一——

在很古的時候，耕田的農人，是沒有牛來供使用的。天帝憐憫人世的艱辛，他想把天上的一匹神牛降到下界來，去替人勞作。於是他向牛說：「牛啊，你在天上閒着無事做，可以到下界去玩玩，幫幫人的忙呀。」

牛說：「下界是很苦的吧？」

「不的！你到下界，每天可以吃甘草，喝糖水的！那裏是非常快活的。」天帝爲了垂憐人類的艱辛，對牛顯然有些欺騙。因爲牛若在下界，每天只能吃一些曬乾了的乾草，喝一些池塘裏的塘水，確實是很辛苦的哪。天帝所說的甘草糖水，正是乾草塘水同語的諧音。但天帝對於辛苦耕田的農人是厚愛的，爲了這厚愛，他至尊無上的大神，也不惜說了誑話。

但牛仍然是有些疑惑的，牠問：「這是眞的嗎？」

「眞的！假使我騙你，我的女兒將被下界人掠去，作爲他的妻子。」天帝爲了熱愛着辛苦的農人，他想要牛為了農人去服務，竟不惜作這樣的誓言，來做自己說謊的處罰。其後這誓言果然應驗在天帝身上了。

牛聽了天帝的話：於是降到下界來。牠降到一家極貧苦，極勤懇的農人家裏。牠替農人耕作。

這農人是極愛牛的，得了牛的助力，減輕了許多辛苦，生活也變好了許多。

他細心的牧養這牛，農人是同牛相依為命的。雖然每天給牛吃的是乾草，喝的是塘水，但牛感激農人的誠懇愛護，也漸漸地相安下來。

牛每天替農人耕作，絲毫也沒有怨言。但牠忘不了天帝的欺騙。

記着天帝的誓言，有機會牠將加給天帝以懲罰。其後，真的，這機會終於來到了。

牛同農人住在一個房間內在工作的暇時，便在一起談談像朋友一樣。農人終年的辛苦工作着，因為窮，是娶不起妻的，也只有這牛是他辛苦的伴侶。他同牠互相安慰着寂寞，又共同負擔着艱辛、播種、耕耘、收穫，在風裏，在雨裏，在烈日的下面，在這唯一的一間小屋裏，他同牠已經成為分不開的莫逆好友了。

辛苦的人終要交到好運的！難道這農人，就該獨身終老，辛苦到死嗎？

古時的賢人說：「勤懇的人是有福了！」這話，將應驗在這農人的身上。

這農人是強健的，年青的，一身太陽的烙印，在臉上，映出紫色的光芒。他朝夕在田裏工作着，暇時他牽着牛，在草地上吃草，因此人們叫他做牛郎。有時他望着蔚藍的天宇，接連着蔚藍的原野，唱他的牧歌，或是在暮靄蒼茫的歸途，吹一曲牧笛，這便是他的消遣了。

牛郎的年齡已到壯年了，他缺少一個妻子；雖然他忙着工作，忘了這事情，爲了窮，也不敢想到這事情，但他朝夕相伴的牛，卻爲他打算着。

在這農村前，彌望的綠茫茫的田野盡頭，是一個美麗的湖澤。這湖的水波是溫靜的，清可見底的生着菰蒲同荷花。水面飄浮着馥郁的香氣。湖邊是一些垂絲的楊柳同一些隨風搖蕩的水蘆。在這蒼蒼的蒹葭裏常隱蔽着許多白鷺鶴鳥水鷗和野鳧，及其他飛着鳴着的禽鳥。成羣的魚類在水中游着。這裏因爲人們不大常來，益發顯得幽寂而靜祕，因此也便有些關於這湖的神異的傳說流行着。牛郎也只是偶然飲牛來一下。

有一天，天帝的九個仙女，下凡游戲，在這湖中沐浴，嬉水。牛認得這是九天仙女，牛也清楚的知道這事情。

爲了懲罰天帝的謊語，爲了使牛郎得到最美麗的妻子，這是一個最好的機會。

牛告訴牛郎：

「到那湖邊去，那裏有九天仙女在洗澡。衣服都放在湖邊。撿那件美麗的紫衣，拿起跑回來，裹塊石頭放下井裏去。那仙女，她沒有了衣服，她便不能重回天上，她將沒有另外的方法，只好同你在一起，做你的妻子。而且以後永遠不要告訴她你所放藏衣服的地方。快去吧，年青勤懇的人，你將得到非常的幸福，只要遵照我的言語。」

眞的，牛郎聽從牛的話，很快的跑向湖邊去了。他看見在清瀲的水波中，果然有九個美麗的仙女在游泳着。這是超乎尋常的美，裸露的肌膚像雪一樣，任何花朵也不能比她們美的容貌，最好的月色也沒有她們的眼睛清明。無論誰見了都會熱愛着，飛着的雁子同水中的游魚，也都想接近她們，愛她們，爲她降落或游入水的深處。仙姿是難以言語形容的（註一）。她們看見有人來，很驚異的，都不知道如何去躲避這凡人的眼睛了。

眞的，牛郎聽從牛的話，檢着放在湖邊一件紫衣，飛奔着回來，而且裹塊石頭把衣放下井裏去。

八個仙女都吃驚的着起仙衣，像一陣白鴿飛上天去了。只賸下最年青最美麗的一個仙女，她沒有了仙衣，不能飛上天去。她採了許多花朵圍繞着腰際，她無可奈何的裸着玉體來追尋牛郎，索取衣服。牛郎聽從牛的話，衣服是絕不肯還的，終於她想不出上天的方法，只好做牛郎的妻子了。

牛郎得着一位美麗的妻子，而且是非常賢淑的，非常能幹的。她善於理家，同牛郎築起修潔的屋宇同可愛的園圃。她又能夠養蠶取絲。用機織出美麗的雲錦。因爲她是天帝的最小的女兒，所以被稱爲天孫織女。夫婦倆男耕女織，是非常和樂的；但她仍是常念着她那件紫衣，問牛郎存放着的地方。牛郎記着牛的話，依然不肯告訴她。

一年一年，牛郎同織女已經生了兩個孩子，牛也衰老而死了。牛當死以前，告訴牛郎說：「假使我死了，你可以把皮取下來，中間塞起乾草，像活着的樣子，在急難的時候，騎在我身上，我仍舊可以幫助你。」牛死後，眞的，牛郎遵照牛的話做了，牛皮取下來，骨肉埋在土地裏。牛的墓上開出各色野花，牛的皮圓漲的像活着的一樣，放在房屋中。這是他辛苦的伙伴，死後也還是同居一起的呀！

一天，織女又向牛郎問她那件紫衣了。他同她，是多年的恩愛夫妻了。他同她，已經生過兩個可愛的孩子了。他想她，不會再離他而去了。他不忍拂了愛妻的意思，於是他告訴了她：「那衣，是在井裏。而且應該久已腐爛了。」

當牛郎出去耕田的時候， 織女在家中， 於是偸自向井中撈取她的那件處女時代的衣服。終於被她撈出來。因爲是仙衣，一點也沒有損壞，美麗的紫色，還是照樣鮮好的。

於是她脫去了凡間的衣服，換上仙衣。她急於念着她久別的天上的家，同她天上的八個親愛的姊妹，和那些常玩的琪花瑤草的地方，處女時代的夢，出身高貴的神仙的夢，又復甦生在她的心頭。她想着她是仙女，她在這裏受過多少年的苦，她鄙棄凡間，天纔是她的家，她如今有了重回天上的機會，於是她匆忙的推開了身傍的織機，忘其所以的懷着織錦的梭子，立刻重返天庭，適當牛郎從外回來時，她已經騰空而起了。牛郎懇求她轉來，她不應。躍起攀她的衣服時，但已無及了。忽然，牛郎記起牛的話，急去騎在牛身上，把兩個孩子放在身後和身前，牛便騰起追上去。

牛郎，他喚着他的愛妻，他不能離開她；他想以夫妻的愛同母子的愛，追挽她回來。她不應；他喊着，追着，已經上達天庭，看看追及了。織女爲了逃避牛郎的追逐，在匆急時候，忽然，不假思索的，拔下金簪，畫下一道銀河，把牛郎阻隔在銀河的彼岸。

牛郎同織女，從此分開了，從此不得重在一起了。牛郎爲了怨恨織女的薄情，把牛軛隔河擲向織女去，織女來時，匆忙中帶來的一個在凡間織錦的梭子，便也投報了牛郎，那便是天河對岸在牛郎左邊的像梭子形的四星。牛郎，那耿耿不寐的，在臨着天河邊終年終夜癡望着的。攜着自己的前邊同後邊的兩個孩子，永久佇立着，遙望着他的隔水的愛妻。那中間一顆較大的星，前後兩顆較小的星，一排三個，直向着織女的，那便是他們可憐的父子了。

據說織女當時因爲匆急的，不假思索的做下了這個錯誤，後來觸動了人間的情愛，也便悔恨了。曾要求天帝，重許她同他團聚。但天帝，爲了牛的報復的緣故，爲了自己應了誓言的處罰的原故，沒有答應這一對癡情兒女的願望。神的女兒從此守着寡，神與人之戀，就從此成了悲劇的收場。

但天帝，後來，爲了這一對男女的癡情所感，曾允許一年可以一度會見，那便是在七月七日的七夕。在那夜，地下的烏鵲都飛上天去，在銀河上，用翅翼，爲牛女搭成橋梁，讓這一對情癡渡河相會。但會見不久就必須相別，所以會暫離多，是非常傷心的。在七夕的午夜，常會下些雨，無雨也是零露瀼瀼的，沾滿木葉和草上，這便是一對多情者的眼淚了。

記得在我幼小的時候，長年在我們村上耕田的王老人，告訴了我這故事。每年七夕，要是不下雨，總要不睡的張眼向天等望着，要看牛女究是如何渡河的。大來漸漸無此奇妙的幻想了。至今已到了壯年，清夜仰起頭，依然看見牛女分在天河的兩岸，這樣淒涼的互望着。

「天河南北」，我們知道是「種得蕎麥」了；「天河東西」，我們知道是「穿得冬衣」了（註二）。牛郎與織女，不怕寒冷的隔水癡望着，一年一年的，究竟何時這悲劇纔終了哪。

註一：中國關於美人的描寫，俗常喜用「沉魚落雁，閉月羞花」等語，這裏也略採其意，保存着中國作風。沉魚落雁，原見莊子齊物論，但俗常的用法，是與莊子原意相反的，而且詞也改變了。

註二：「天河南北，種得蕎麥，天河東西，穿得冬衣，」四句，是潁上地方關於時令氣候的民歌，至今尙在農村中間流行着。看一看天河，就知道應做的事情了。

牛郎織女神話後記

牛郎與織女的神話，流傳於中國的農村社會中，非常普偏。其起源也很久遠。大概早產生於中國原始的耕稼時代，因爲約當西歷紀元前十一二世紀的時候，中國周代的民歌中，已歌唱着牽牛織女雙星的名字。如周詩小雅大東中所說的「惟南有箕，不可以簸揚，惟北有斗，不可以挹酒漿，雖有牽牛，不以服箱，跂彼織女，終日七襄，雖則七襄，不成報章」等句，這當是農作的勞動者把人世的艱辛怨嘆，借牛女來自寫中愁。古代人樸美的心靈中，已經把清夜所見的許多星光，擬物化了。這歌中牛女兩星的故事，便已早具雛形。最早牛的使用，大概是用以「服箱」的，做着像挽車一類的工作。「服牛」或者起於殷周之際吧？在殷的後期，早留下農業發生的確實的證據，因爲在甲骨文中，已經記着一些有關農業的文字了。到周代，農業已經甚爲發達，女子織絲的技藝也盛行着，這是當時留下的詩歌總集「詩經」裏，時常見到的，「大東」便是一個證據。牛女的神話，也許在這時更加發育得美麗起來，而且成爲定型化了。到漢代這凄艷的故事，更常爲詩人詠唱着。在梁代昭明太子蕭統所編纂的文選中，存留着相傳爲漢代人所作的古詩十九首（其中傳有傳毅枚乘所作，約當紀元前二世紀中），其中有一首，便專詠着這故事。詩云：

「迢迢牽牛星，皎皎河漢女，纖纖擢素手，札札弄機杼，終日不成章，泣涕零如雨。河漢淸且淺，相去復幾許，盈盈一水間，脈脈不得語」。

這凄婉的歌聲，已經同現在傳說的故事大致一樣了。十九首中另一首詩有幾句說：「明月皎夜光，促織鳴東壁，玉衡指孟冬，衆星何歷歷，……南箕北有斗，牽牛不負軛，良無磐石固，虛名復何益。」這也用的是周詩小雅大東中的同樣的傳說：，大抵爲涼夜不寐，起看牽牛等星，徘徊傷感的作品。到魏文帝曹丕（三世紀初）所作的燕歌行中，述的也是這意思。詩云：

「秋風蕭瑟天氣涼，草木搖落露爲霜。羣燕辭歸雁南翔，念君客遊思斷腸。慊慊思歸戀故鄉，君何淹留寄他方，賤妾煢煢守空房，憂來思君不敢忘，不覺淚下沾衣裳。援琴鳴絃發淸商，短歌微吟不能長。明月皎皎照我牀，星漢西流夜未央；牽牛織女遙相望，爾獨何辜限河梁」。

這詩的藝術發展得更加完美了，以人間的凄涼，來對比牛女的哀怨，情緒是無限纏綿悱惻的。同上面所述的，都是涼夜的怨歌，大約抒情的題材與時景相同。

魏晉以下，歷六朝而至唐代，以及唐代迄今的詩人中，關於牛女的歌詠更多，不能備舉。例如：

杜甫牽牛織女詩：「牽牛出河西，織女處有東，萬古永相望，七夕誰見同。神光竟難候，此事終朦朧。颯然精靈合，何必秋遂逢。亭亭新妝立，龍駕具曾空，世人亦爲爾，祈請走兒童。稱家隨豐儉，白屋達公宮。膳夫翌堂殿，鳴玉淒房櫳。曝衣遍天下，曳月揚微風。蛛絲小人態，曲縷瓜果中，初筵挹重露，日出甘所終。……」

杜甫天河詩：「牛女年年渡，何曾風浪生」。

曹松七夕詩：「牛女相期七夕秋，相逢俱喜鵲橫流」。

庾信七夕賦：「覩牛星之曜景，視織女之闌干」。

李商隱七夕詩：「可能無意酬烏鵲，惟與蜘蛛乞巧絲」。

李白擬古詩：「銀河無鵲橋，非時將安適」。

權德輿七夕詩：「今　雲輧渡鵲橋，應非脈脈與迢迢」。

陸游新秋詩：「天河漸近鵲橋時，一夜風吹斗柄移」。

宋之問明河篇：「鴛鴦機上疏螢度，烏鵲橋邊一雁飛」。

陸游露坐詩：「天孫老抱河梁恨，豈獨人事生可悲」。

袁桷次韻伯庸開平書事詩：「明知風伯秋當路，更候天孫夜渡河」。

竇鞏七夕詩：「烏鵲爭飛井上桐」。

李郢七夕詩「烏鵲橋頭雙扇開，年年一度過河來」。

趙彥昭奉和七夕兩儀殿會宴應制詩：「青女三秋節，黃姑七夕期」。

和凝宮詞：「闌珊星斗綴珠光，七夕宮嬪乞巧忙」。

李商隱詩：「天河迢遞笑牽牛」。

劉禹錫詩：「曾隨織女渡天河」。

張仲素河橋竹素賦：「烏鵲徒駕於天潢」。

薛士隆雁蕩山賦：「牛女從橋而星河可渡」。

謝偃明河賦：「構鵲橋而迤邐」。

楊謙月映清淮流賦：「萬家盈手之時，望牛女而纔見；千里同心之際，美烏鵲而追遊」。

虞集贈星上人歸湘中詩：「銀河秋沂鵲成橋」。

馬祖常無題詩：「三湘瀟灑恨無潮，烏鵲塡河願有橋」。

薩都剌三衢馬太守昂夫索題爛柯山石橋詩：「烏鵲橫空秋有影，銀河並地水無波」。

楊維楨吳詩：「淮南八月初雁過，奉使槎回烏鵲河」。等句，皆有關於牛女的故事。此外如庾肩吾、許敬宗、杜審言、崔國輔、孟浩然、徐鉉等，都有七夕詩。江總宛轉歌、王渙惆悵詩、溫飛卿洞戶詩、李商隱碧城詩，都使用隱喻着七夕的傳說。這故事已經成爲文人士大夫階級廣泛的抒情話題了。

而且七夕又是宮庭貴族所喜好的節令。西京雜記說：「漢綵女嘗以七月七日，穿針於開襟樓」。穿針即是七夕的游戲之一。輿地記說：「齊武帝起層城觀，七月七日，宮人多登之穿鍼，世謂之穿鍼樓」。天寶遺事說：「帝與貴妃每至七月七日夜，在清華宮遊宴時，宮女輩陳瓜花酒饌列於庭中，求恩於牽牛織女星也。又各捉蜘蛛閉於小盒中，至曉開視蛛網稀密，以爲得巧之候。密者言巧多，稀者言巧少，民間亦效之」。所以在白居易的長恨歌中，也寫着「七月七日長生殿，夜半無人私語時，在天願爲比翼鳥，在地願爲連理枝」。當雙星渡河之夜的那一段宮闈瑣語。五國故事說：「南唐後主李煜每七夕延巧，必命紅白羅百匹以暨爲月宮天河之狀，一夕而罷，乃收之」。嫏嬛記說：「七夕徐婕妤雕鏤菱藕，作奇花異鳥，攢於水晶盤中，以進上，極其精巧，上大稱賞，賜以珍寶無數，上對之竟日，喜不可言。至定昏時，上自散置宮中几上，令宮人暗中探取，以多寡精粗爲勝負，謂之鬭巧，以爲歡樂」。牛女雙星的神話，在農民間本來是非常樸美的，但一落到封建君主的手裏，便做出許多「驕奢淫佚」，「奇技淫巧」的玩意了。由上所引的資料中，正可反映出宮庭淫樂生活的一斑。而且據「泉志」說：又有「七夕錢，徑寸四分，重十二銖，肉好背面，皆有周郭，文爲牽牛織女相對形，穿上爲花，穿下爲草，製甚古質」。這大槪也是貴族階級的玩物吧。

七夕的乞巧與乞福，也成爲民間普徧的風俗。風土記說：「七月七日，其夜灑掃於庭，露施几筵，設酒脯時果散香粉，於河鼓織女乞富，乞壽，無子乞子，唯得乞一，不得彙求三。年乃得言之，頗有受其祚者」。又四民月令說：「七月七　曝經書，設酒脯，時果，散香粉於筵上，祈請於河鼓織女，言此二星神當會，守夜者咸懷私願。或云見天漢中有弈弈正白氣，如地河之波，輝輝有光曜五色，以此爲徵應，見者乞願 三年乃得」。因爲可以乞富貴壽考，於是更生出些離奇的傳說。如感遇錄說：「郭子儀至銀州，夜見左右皆赤光，仰視空中，駢車繡幄。中有一美女，自天而下。子儀拜祝曰：今七月七夕，必是織女降臨，願賜長壽富貴，女笑謂曰：大富貴，亦壽考。言訖冉冉升天」。又祕閣閒話說：「蔡州蔡民，每七夕乞巧，禱以酒果。 忽見流星墜筵中， 明日瓜上得金梭，自是巧思益進」。其他如瀋居錄、雜異書、癸辛雜識等書中，皆有七夕遇仙的故事，可見這傳說是很紛繁的。又七夕的乞巧與穿針，也是相連的游戲。梁宗懔荆楚歲記說：「七月七日，爲牽牛織女聚會之夜，是夕，人家婦女結綵縷穿七孔針，或以金銀玉石爲針，陳几筵酒脯瓜果於庭中，以乞巧，有喜子網瓜上，則以爲符應」。這風俗至今還在繼續着，不過卻沒有古人那樣有幸的遇着神仙了。

牛女雙星，既演成才子佳人的抒情話題，於是加以人間的情味，牛女是應該聚會的。所以續齊諧記說：「桂陽成武丁有仙道，謂其弟曰：七月七日，織女當渡河，諸仙悉返宮。弟問曰：織女何事渡河？答曰：織女暫詣牽牛，世人至今云織女嫁牽牛也」。於是又加上人間情味，會暫離久，牛女是應該哭泣的。所以歲時雜記說：「七月六日有雨，謂之洗車雨，七　雨日灑淚雨」這麼幻想着：當織女來時，油壁新洗、香塵不驚。當織女去時，又復樂極哀來，涕泗滂沱了。

但織女如何能夠渡這茫茫的銀河呢？於是人間又有烏鵲成橋的幻想。歲華紀麗說：「七夕鵲橋已成，織女將渡」。注引風俗通說：「織女七夕當渡河，使鵲爲橋」。白帖說：「烏鵲塡河成橋而渡織女」。爾雅翼說：「七月七日鵲無故皆髡，相傳是日河鼓與織女會於漢東，役鵲爲梁以渡，故毛皆脫去」。你看人們觀察的多麼細密呀，並且看出鵲子因了熱心爲橋的緣故，毛也弄禿了哩。鵲橋的傳說，在唐以前已經盛行着，北齊顏之推顏氏家訓卷三說：「吾有一親表，作七夕詩云：今夜吳臺鵲，亦往共塡河」。顏氏本笑別人誤用這典實的，可見當時傳說之普徧了。何景明詩說：「鵲橋崔嵬河宛轉，織女牽牛夜相見」。這正是在幻想中描繪出一幅美麗的圖畫，在前面舉的詩歌中，即有不少有講着鵲橋的。

詩歌中常用牛女爲題材，在音樂戲劇中，牛女也是常演的故事。唐代的大曲中，即有七夕藏鈎樂。歷宋元而後，雜劇傳奇完成時，牛女也便常見戲劇中。鵲橋相會，成爲每年七夕排演的慣例。至今平劇漢劇中的天河配，也還是循着這歷程演進下來的。此外在繪畫雕刻板畫藝術中，也有很多使用着牛女的故事。

在中國的另一傳說，說黃河可以上通天河，因有張騫通　西域，溯黃河至星宿海，更上銀漢乘槎，遇見牽牛織女的故事。博物志亦記「舊說云：天河與海通，近世有人居海渚者，年年八月有浮槎去來不失期，人有奇志，立飛閣於查上，多齎糧乘槎而去。去十餘日，奄至一處，有城郭狀，屋舍甚嚴，遙視宮中多織婦。見一丈夫，牽牛渚次飲之。牽牛人乃驚問曰：何由至此？此人具說來意，並問此是何處？答曰：君還至蜀郡，訪嚴君平則知之 竟不上岸，因還如期後至蜀問君平曰：某年月日有客星犯牽牛宿，計年日正是此人到天河時也」。這故事便是由這傳說附會出來的。胡曾黃河詩說：「沿河欲共牛郎語，只待靈槎送上天」。也便是根據的這傳說。此外多見於前人詩中。

織女善於織錦，也是詩人所常歌詠的。已早見於周詩大東篇。史記天官書說：「其北織女，織女天女孫也」。注「徐廣曰：孫一作名」。晉書天文志說：「織女三星在天紀東端，子女也。主果蓏絲帛珍寶也」。因爲是織女，所以幻想着主管絲帛及其他的資財吧？其後在民俗的傳說上，遂成爲善織的巧婦了，於是乎民間有乞巧的故事。唐柳宗元乞巧文說：「柳子夜歸自外，夜有設祠者，饕餌馨香蔬果交羅，插竹垂綏，剖瓜犬牙，且拜且祈，怪而問焉。女隸進曰：今玆秋孟七夕，天女之孫，將嬪於河鼓，邀而祠者，幸而與之巧。驅去蹇拙，手目開利，組紝縫製，將無滯於心焉。爲是禱也」。可見當時乞巧的多是婦女，乞的也只是她縫織的專長。柳文又說：「下土之臣，竊聞天孫專巧於天，轇轕璇璣，經緯星辰，能成文章，黼黻帝躬，以臨下民，欽聖靈仰光之日久矣」。所聞的也只是她在天的專巧，蘇軾潮州碑韓文公廟詩說：「手抉雲漢分天章，天孫爲織雲錦章」。唐彥謙七夕詩說：「而予願乞天孫巧，五色絨針補袞衣」。劉因仲誠家藏張萱公石女觀製香奩詩說：「豈知此巧復絕代，夜月靜擣天孫絲」。也多是說到織女善於縫紉織錦的故事。後來人間的信仰，大概以為神是無所不能的，除乞巧之外，又乞福乞子，乞富貴壽考，無所不乞了。而隔水悵望的牽牛，還在終年乞妻哩。

天女下嫁的故事，自古以來，傳說的式樣即很多。如詩經「天命玄鳥，降而生商」。玄鳥即是燕子，也即是天女。古今注說：「鷰一名神女，一名天女，一名鷙鳥。詩云：燕燕于飛，差池其羽，齊人呼為鳦也」。其後高勾麗的祖先傳說，北魏的祖先傳說，也都自承為天女下嫁的後裔（高勾麗傳說見好大王碑，北魏傳說見魏書序紀）。這織女下嫁牽牛的故事的某部分，又演變為田螺精的故事，或龍王三姐的故事，也在各地傳說着，即是我的故鄉也有。牛女的神話，各地傳說是不盡相同的。這裏我是依照故鄉潁河流域的說法筆述着，但一寫在紙上，已經失去原在民間口頭的樸美了。這是因為編者筆拙的原故，但情節還是照着原樣留下的。

至於牛女兩星的名稱，中外各異。但都被擬物化了，這是原始社會人類的思想共同之點。如史記天官書中所載眾星的名稱，是非常之有趣的。牽牛織女，大概源於牛女二宿，但其後頗有變遷，至今傳說的牽牛織女，實非原來的牛女二宿，牛宿為中國天文學上星象名稱的二十八宿之一，北方玄武七宿的第二宿。有星六，均屬摩羯座。禮記月令說：「季春之月，旦，牽牛中；又仲秋之月，昏，牽牛中」。史記天官書：「牽牛爲犧牲。其北河鼓。河鼓大星，上將；左右，左右將」。史記索隱說：「爾雅云：河鼓謂之牽牛。孫炎云：河鼓之旗十二星，在牽牛北，故或名河鼓爲牽牛也。」史記正義說：「河鼓三星，在牽牛北，主軍鼓，蓋天子三將軍。中央大星，大將軍，其南左星，左將軍，其北右星，右將軍。……自昔傳牽牛織女七月七日相見此星也」。河鼓因聲的轉變，又稱黃姑。又名天鼓，又稱三將軍，亦名牽牛。歷學會通也說：「河鼓天軍之鼓，中央大星曰大將軍 左右小將軍，亦名牽牛星。左右旗爲河鼓旗表」。大概古時多謂牛宿爲牽牛，河鼓本是他近傍的星象，至西漢時猶如此，今則均以河鼓爲牽牛了。按河鼓三星 天鷹座B・a，r，位於牛宿西北，居銀漢之南，與漢北織女相對。大將軍卽河鼓二，乃天鷹座主星a西名爲Altair，爲一等星之標準星，色黃，卽一般所稱爲牽牛星的。

女宿爲中國天文學上星象名稱的二十八宿之一，北方玄武七宿之第三宿。有星四，三屬寶瓶座。禮記月令：「孟夏之月，旦，婺女中」。史記天官書「婺女」索隱：「爾雅云：須女謂之務女，或作婺字。」正義：「須女四星，亦婺女，天少府也，南斗牽牛須女，皆爲星記。……須女賤妾之稱，婦職之卑者，主布帛裁製嫁娶」。這卽是女宿及其職務。但今所稱的織女， 實非女宿，而是女宿附近的星象。 製記天官書：「婺女，其北織女，織女，天女孫也」。集解：「徐廣曰：孫一作名」。漢書天文志說：「織女，天帝孫也」。

夏小正說：「七月初昏織女正東向，十月織女正北向，則旦」。晉書天文志說：「織女三星在天紀東端，天女也」。說記索隱引荊州占云：「織女一名天女，天子女也」。正義史：「織女三星，在河北，天紀東，天女也。主果蓏絲帛珍寶」。這卽是至今所說的織女。按織女三星屬天琴座，形如等邊三角形（一說四星），位銀漢北，與漢南牽牛相對。織女一卽天琴座 a，西名 Vega 一等星，色青白，尋常所指織女，多單指此星而言。

牽牛在牛宿之西北，織女在女宿之北。當秋深的涼夜，銀河東西的時候，仰看太空的星羣，織女在銀河的北面，牽牛在銀河的南面，兩兩相對，耿耿終宵，卽是這神話中的悲劇主角了。

近與西畫教授吳作人兄談希臘神話，我同作人都是深切愛好希臘神話的，由於作人的提議，要我寫一本中國神話，作人譯爲法文，並作插繪，以貢獻於世界的同好者。這裏就作爲開始的一篇。一九四〇年重九寫畢自記。